RE EVOLUCIÓN
DIGITAL

RE EVOLUCIÓN
DIGITAL

EXPLOTA LA TECNOLOGÍA
PARA TRANSFORMAR
DIGITALMENTE TU EMPRESA

Martha Rivera Pesquera
Edgardo Méndez Montero

conecta

Re evolución digital
Explota la tecnología para transformar digitalmente tu empresa

Primera edición: febrero, 2017

D. R. © 2016, Martha Rivera Pesquera /Edgardo Méndez Montero

D. R. © 2017, derechos de edición mundiales en lengua castellana:
Penguin Random House Grupo Editorial, S. A. de C. V.
Blvd. Miguel de Cervantes Saavedra núm. 301, 1er piso,
colonia Granada, delegación Miguel Hidalgo, C. P. 11520,
Ciudad de México

www.megustaleer.com.mx

D. R. © Penguin Random House, por el diseño de cubierta
D. R. © fotografía de Martha Rivera Pesquera y Edgardo Méndez Montero,
archivo personal de los autores

ISBN: 978-607-315-083-5

Impreso en México – *Printed in Mexico*

El papel utilizado para la impresión de este libro ha sido fabricado a partir de madera procedente
de bosques y plantaciones gestionadas con los más altos estándares ambientales, garantizando
una explotación de los recursos sostenible con el medio ambiente y beneficiosa para las personas.

Penguin
Random House
Grupo Editorial

Índice

Implicaciones de la *re evolución digital*

María Teresa Arnal
CEO de Twitter México

Hace poco más de 10 años, cuando lideraba la iniciativa *online* de Microsoft en México, Martha Rivera Pesquera me invitó a colaborar en la construcción de lo que sería el primer caso de estudio de una compañía digital, en los cursos del IPADE. Hoy, el negocio de esa compañía cambió tan radicalmente que prácticamente estuvo a punto desaparecer la forma en la que estuvo inicialmente concebida.

En un mundo donde el cambio es la constante y vivimos a una velocidad vertiginosa, no queda más que mantener un aprendizaje y evolución continua. Estamos apenas empezando a ver el impacto que la *Re evolución digital* tiene para el mundo desde el punto de vista económico, social, de negocios, de relacionamiento y, sin duda, del balance de poder. Pensamos que vivimos en una época de cambio: en realidad estamos viviendo un cambio de época, algo mucho más de fondo que necesita que nos detengamos a pensar si realmente entendemos la profundidad de su impacto y si estamos preparados para ello.

El área de marketing, y en particular el rol del CMO, es sin duda una de las más impactadas por este cambio, por lo que es necesario redefinir su función y replantear la mirada de un consumidor que hoy tiene el poder y demanda otro tipo de relación con los productos y las marcas que consume o intentan seducirlo. Hoy ese enfoque en el consumidor obliga a romper barreras interdepartamentales en las compañías y a replantear que quien es responsable por el consumidor, hoy está en el centro, y cómo deben integrarse estas áreas para generar una experiencia que satisfaga el nivel de exigencia actual. Se plantea la necesidad de transformar los modelos en un entorno donde la experiencia de conocer una marca, interesarse y comprar puede ocurrir en una cuestión de minutos y en un solo lugar, el mundo digital, y donde las posibilidades se vuelven infinitas y al alcance de un clic.

Es de vital importancia que los directivos de las empresas de más alto nivel se involucren en esta nueva realidad y entiendan las implicaciones que la *Re evolución digital* tiene en sus negocios y en sus estrategias más allá de la simple última milla para comunicarse con el consumidor. Las plataformas digitales hoy representan la oportunidad de generar una verdadera experiencia de marca que construya valor en el negocio a largo plazo y esto debe ser parte de la agenda del CEO y de su equipo de liderazgo.

Eso es lo que las grandes compañías digitales han entendido y la razón por la que transforman muchas industrias que hoy siguen ancladas en los paradigmas del pasado. La oportunidad va mucho más allá de la comunicación o la publicidad. La oportunidad está realmente en entender qué mueve y fundamenta una nueva manera de hacer negocios para transformarlos de fondo y capturar el valor que estas nuevas plataformas presentan.

Esto suena fácil, pero sabemos que no lo es. Vale la pena mencionar el libro de *The Disruptor Dilemma*, de Clayton Christensen, donde se planteaba, desde hace más de una década, el dilema que enfrentan las compañías que hoy tienen un negocio: cómo transformarse o ser relevadas por otras. Son decisiones difíciles y se necesita de liderazgo fuerte y entendido en las compañías para lograrlo.

Ante esta realidad, espero que este libro, *Re evolución digital. Explota la tecnología para transformar digitalmente tu empresa*, sea el comienzo y la invitación a un camino de aprendizaje que los directores de las empresas inicien para asegurar la competitividad y supervivencia de sus negocios en esta nueva época. Espero que sea una inspiración y la oportunidad de encarar estos retos inéditos con una actitud y compromiso de experimentación muy necesaria para ser exitoso en el contexto reciente del mundo empresarial.

La transformación digital garantiza la supervivencia de tu negocio

Xavier López Ancona
Presidente y CEO de KidZania Global

Conocí a la doctora Martha Rivera Pesquera en el IPADE, a principios de 2004, como profesora de Comercialización (Marketing). En los 17 años de historia de KidZania, la doctora Rivera ha estado muy cerca de esta empresa liderando los tres casos del negocio que se han realizado en el IPADE. Jamás imaginé que lo que aprendí en las discusiones de esos casos contribuiría, en gran medida a lo que hoy KidZania ha logrado.

Actualmente, KidZania cuenta con 24 ubicaciones en 19 países alrededor del mundo, y 6 proyectos más están en puerta en 4 mercados nuevos.

En *Re evolución digital. Explota la tecnología para transformar digitalmente tu empresa*, la doctora Rivera y Edgardo Méndez detallan de manera precisa la necesidad que tienen los grandes negocios de herramientas potentes y efectivas para impactar al mayor número posible de personas. Se trata de una lectura obligada, tanto para emprendedores, como para empresarios con un negocio bien consolidado.

Inmersas en una era totalmente digital, las empresas de hoy requieren integrar a su estrategia de negocio herramientas digitales que les permitan tomar la delantera frente a sus competidores, llegar a más mercados y tener un crecimiento acelerado.

El poder de las redes sociales en la actualidad da voz a las personas que antes tenían dificultad en encontrar caminos que les permitieran obtener información y compartir sus experiencias –buenas o malas– con una marca, producto o servicio.

La evolución de los medios tradicionales y el surgimiento de nuevas plataformas digitales, brinda a las empresas la posibilidad de contar con canales recientes de comunicación, ventas, mercadotecnia y atención al cliente. Bien utilizados, estos "ecosistemas digitales" resultan idóneos para crear relaciones de largo plazo con los clientes. *Re evolución digital* permite a los directores de empresas dimensionar la importancia y necesidad de integrarse a esta transformación digital para garantizar la supervivencia de sus negocios, sin olvidar que dicho cambio debe iniciar desde la dirección.

Acerca de este libro

¿Por qué leer este libro e iniciar la re evolución digital en tu empresa?

- Porque el cambio es inminente.
- Porque las empresas digitales están destrozando industrias.
- Porque no es lo del futuro, es lo de hoy y será lo de mañana.
- Porque tu empresa puede estancarse o reducir su participación.
- Porque cada día hay una mayor competencia y los mercados cada día son más globales.
- Porque los que más rápido llegaron al mundo digital son quienes hoy gobiernan.
- Porque las nuevas generaciones serán cada vez más digitales.
- Porque la inestabilidad de las empresas hace que necesites tener mayor conocimiento de lo digital pues los cambios vienen desde ahí.
- Porque puedes desaparecer.
- Porque no tienes otra opción.

¿Por qué no vas a querer hacerlo?

- Porque la resistencia al cambio es natural.
- Porque es una inversión que tal vez no te dará resultados en el corto plazo.
- Porque desafía todo tu conocimiento.
- Porque requiere una actualización permanente en temas nuevos.
- Porque no es fácil.
- Porque te va a costar dinero.

- Porque seguramente te va doler ver cómo lo que has hecho ya no funciona.
- Porque va a crear en ti más incertidumbre.
- Porque cuestiona tu autoridad y poder.
- Porque te pedirá salir de tu estado de confort.
- Porque tendrás que desconfiar de tus conocimientos.
- Porque podrías ver el fin de tu negocio o de tu industria.
- Porque en un entorno amenazante, todo es incierto.
- Porque va requerir volver a empezar una y otra vez.
- Porque va a cuestionar tus bases.
- Porque no puedes sólo comprar tecnología, tienes que entenderla.
- Porque requerirá de ti un nuevo liderazgo.

¿Por qué tú, empresario, director, eres quien debe de tomar las riendas de este cambio?

- Porque tú eres el que más sabe de tu negocio, eres el líder.
- Porque tienes los contactos, los recursos y el ingenio necesario.
- Porque la transformación digital no sólo es un cambio tecnológico, es un cambio organizacional y de cultura, que únicamente el líder puede promover y hacer que el equipo se comprometa con el objetivo a lograr.
- Porque tú eres el encargado del crecimiento de tu empresa, el que toma los riesgos.
- Porque quieres ganar más dinero.
- Porque nadie lo va a hacer por ti.
- Porque eres el eslabón más importante, sin ti, no hay negocio.
- Por tu experiencia.
- Porque los negocios son tu pasión.
- Porque los retos son tu alimento.
- Porque lo único permanente es el cambio.

Introducción

Las galaxias, el universo, el planeta siempre están en movimiento y, por tanto, también lo cotidiano. Apenas en el siglo pasado no conocíamos los medios electrónicos de comunicación. El siglo pasado el mundo se maravillaba con el cine, la radio, la televisión y el teléfono, hasta que llegó internet, con un funcionamiento binario básico.

Como humanidad hemos logrado simbolizar cualquier representación de la realidad con el código binario: 1 y 0. Luego, con la llegada del silicio, pudimos realizar miles, millones, billones, gigas y teras de operaciones en segundos, de forma perfecta. El silicio permitió que la información se procesara de manera rápida y exacta. No obstante, seguimos condenados a la velocidad, y no a una velocidad ordinaria sino a una que se duplica exponencialmente, como descubrió, en 1965, uno de los fundadores de las primeras empresas de Silicon Valley, Gordon E. Moore, cofundador de Intel, quien afirmó —palabras que se convertirían en la Ley de Moore— que cada 18 meses se duplicaría el número de transistores en un circuito integrado y con ello la capacidad y velocidad de los ordenadores. Sin entrar en detalles técnicos, basta con hacer un breve recorrido por nuestros aparatos electrónicos para constatar dicho avance. Justo ahora, nuestra computadora, *tablet* o teléfono tienen casi el doble de capacidad y un procesador de casi el doble de velocidad del que teníamos hace 18 meses.

Algo similar sucedió con los medios de comunicación. La radio tardó 38 años en conseguir 50 millones de usuarios; la televisión, 13 años; el iPod, 4 años; internet, 3 años; Facebook, 1 año; Twitter, 9 meses; y Google+, 88 días.

La información circula en todo momento a velocidades insospechadas a través de cables y ondas, además de que cada día evoluciona con inversión de capital, conocimiento, trabajo y localización, y esa cotidianeidad se convierte en parte de la red, pues guardamos la mitad de nuestra memoria en servidores distribuidos a lo largo del planeta y accedemos a ellos a través de un software en nuestro celular.

Vivimos una transformación sustancial de la realidad. Pensemos en cómo era nuestra vida, trabajo o comunicación hace veinte, diez o cinco años, y cómo es ahora. Por ejemplo, en Chicago, en los postes de luz se han instalado pequeñas cajas que contienen distintos sensores, de fuego, de humedad, de velocidad del viento, de niveles de polución, de luz, de medida de densidad de personas; o en las calles, vehículos y, por supuesto, cámaras. La utilidad de la información que recuperan apenas la estamos imaginando; gracias a ella se determina el número de bicicletas que necesita haber en cada estación de renta, los lugares en los que deben construirse nuevas rutas para peatones o vehículos, el número de servicios como comercios y edificios que se requieren; incluso, con los sensores de movimiento puede detectarse dónde están los criaderos de roedores.

Es insospechado lo que se puede hacer con dichas referencias informáticas, al grado de que la ciudad ha puesto todos los datos al alcance de los programadores con la finalidad de que ellos le den nuevos usos.

Dentro de las empresas también se vive de manera vertiginosa. Hace algunos años, la única forma de comunicación era el teléfono, los memorandos o las cartas. Hoy en día, los directores de las compañías pueden estar al pendiente de cuanto sucede, pues reciben mensajes de cualquier persona, desde cualquier parte del mundo, en cuestión de segundos, y muchos de estos mensajes apuntalan o facilitan la toma de decisiones.

La tecnología significa, para la Alta Dirección, el peligro más importante en los negocios. Diversos estudios, como el *C-suite Study* de IBM, explican por qué los directores perciben a la tecnología como el principal factor de riesgo y de oportunidad a la vez. Miles de empresas que hace 20 años apenas iniciaban —por ejemplo, ni siquiera existían Amazon, Facebook y Google—, hoy son grandes monstruos que mueven la economía.

El hacer caso omiso de estos cambios puede representar el quiebre de tu empresa, un caso muy representativo, y también mencionado y analizado fue el quiebre de George Eastman, fundador de Eastman Kodak Company, quien en 1884 patentó el rollo de film fotográfico y que años después creara la primera cámara para este tipo de rollos con lo que casi creó el mercado fotográfico.

La empresa fundada en 1892 creció con este mercado, en 1930 entró a la Bolsa, en Estados Unidos llegó a tener el 80% del mercado, y a contar con más de 150 mil empleados, en los años noventa inició la fotografía digital, Kodak si bien hizo algunos intentos no hizo la transformación digital que se necesitaba, confió en el rollo fotográfico y en que los hábitos de la gente no cambiarían, además de esto su rentabilidad era de casi el 70% en las películas, mientras que la tecnología digital la estaba empujando a tener utilidades del 5%.

El no hacer estos cambios en los años noventa provocó que poco a poco fuera saliendo del mercado, hasta llegar a su quiebra en 2012.

Bien podríamos narrar en estas páginas los éxitos de algunas empresas y los fracasos de las que han quebrado por no hacer caso a los cambios en la tecnología, por no tomar desde la Alta Dirección las riendas del negocio; justamente el interés de escribir este libro nace de la necesidad de concientizar a las empresas de la importancia de sumarse al adecuado uso de los medios digitales, e incluso repensar su negocio en la era digital.

La transformación digital es hoy una necesidad. No es el futuro, lleva más de veinte años siendo lo de hoy y claro es que será lo del mañana, como personas ya "dominamos" estas tecnologías y esperamos que todas las empresas estén disponibles en el momento en el que nosotros deseamos para darnos el servicio digitalmente, aquellas que no estén disponibles en digital en todo momento podrán vivir la misma historia de Kodak.

La transformación digital no es un proceso sencillo, sumado a esto las empresas son organizaciones complicadas. Los directores son los protagonistas de sus historias, porque logran manejar cientos y hasta miles de "energías" para encauzarlas hacia un objetivo. Ellos son las grandes mentes que hacen girar las máquinas que dan vida a las empresas.

Los sistemas ya están creados; dimos un salto impactante como humanidad: tenemos la tecnología en nuestras manos y cada día realizamos actividades que otrora ni siquiera imaginábamos. Hoy en día casi todo lo que podemos pensar se ha desarrollado y se encuentra a la mano, listo para implantarse. Este libro es una muestra de eso: en sus páginas no hablamos de ningún desarrollo propio sino de la implementación de tecnologías aplicadas.

Actualmente, ante este entorno, los directores de empresas y de las diferentes organizaciones se ven en la necesidad de apoyarse en un líder digital para transformarse e incorporar las nuevas tecnologías, de no hacerlo podrían ser rebasados por la competencia o el mercado, pues, fuera de la empresa, las nuevas generaciones dominan estas herramientas desde hace mucho tiempo. El gran riesgo es que estas nuevas generaciones son los clientes del presente y serán todos los del futuro, por lo que enfocarse en satisfacer las necesidades de estos clientes, cada vez más digitales, debe ser una labor primordial de las corporaciones.

Es tan evidente la evolución analógica que el trabajo diario sin una computadora es prácticamente impensable para gran parte de la humanidad, sin mencionar internet, ya que también muchas de las actividades *offline* terminarán reflejadas *online*. Nuestra memoria, emociones, capital, imágenes, familia y relaciones interpersonales ahora navegan en la web, al igual que nuestro trabajo. Por eso, necesitamos que las empresas estén en la red, para continuar con el desarrollo del mundo y hacer frente a los retos actuales de la humanidad.

La revolución digital no está por venir, la vivimos día a día. Internet es una herramienta que se ha sumado a nuestra vida cotidiana para comunicarnos, acercarnos a otras personas, mantenernos informados, para trabajar, compartir, comprar y vender. Tenemos en las manos sistemas de comunicación maravillosos, estamos a unas cuantas teclas de cualquier persona o empresa del mundo; las fronteras en la web son infinitamente menores que las delimitadas políticamente; las posibilidades las creamos todos y en nuestras manos está la llave del cambio. Nosotros somos quienes dirigimos las herramientas con las que implementamos y mejoramos el mundo.

Desde el centro del corazón, aplicando nuestros conocimientos y las herramientas a las que tenemos acceso, esperamos que este libro ayude a las personas, a la Alta Dirección y las empresas a lograr sus objetivos con ayuda de internet, para así crear un mundo mejor.

Los principales cambios en la era digital

La energía *no se crea ni se destruye,*
sólo se transforma… (Ahora en digital)

Debido a la incertidumbre, el miedo a lo nuevo o desconocido es inevitable. Generalmente tenemos una forma de hacer las cosas que nos ha funcionado. Sabemos que el cambio siempre implica un riesgo y es doloroso. Sin embargo, el dilema subyacente a veces implica permanecer o desaparecer.

En gran medida, el trabajo de los directores está encaminado al manejo de esta incertidumbre, pues nada está dicho en los negocios, todo puede cambiar en cualquier momento, por lo que saber administrar estos riesgos, así como la inestabilidad que conllevan, es una de las principales cualidades que tendrá que forjar la Alta Dirección. El director de empresas es un individuo que se caracteriza por enfrentar la adversidad y también el triunfo, pero no sabe si el triunfo llegará, de cualquier modo se enfrenta a la adversidad, por ello la responsabilidad de la Alta Dirección al liderar una empresa es enorme. Hay mucho en juego y sobre todo muchas personas que han confiado en el buen juicio del líder para la toma de decisiones. En ese sentido, bien decía el profesor de política de empresa del IPADE Business School, José Antonio Dávila: "No puedes garantizar el éxito, pero sí puedes garantizar el fracaso si eres un líder ineficaz".

El director de empresa ha de enfrentar riesgos, lo que se traduce en afrontar dificultades y amenazas que no sabe si podrá vencer. Riesgo e incertidumbre son dos variables que el director debe tener siempre presentes ante la toma de decisiones.

La llegada de internet a las empresas, al igual que cualquier cambio, supone riesgo y oportunidad, pero también mucha incertidumbre: es un mundo nuevo para todos. Apenas a finales del siglo pasado, la gente había puesto sus esperanzas en el comercio electrónico, apostando por la tecnología. Pero en 2001, con la crisis de los dot.com, sucedió lo contrario: la caída de múltiples empresas legó un miedo reinante hasta nuestros días. En aquel momento las empresas en el mercado accionario empezaron a invertir en compañías que todavía no tenían usuarios, pues la penetración de internet era muy baja.

Años más tarde, con el boom de los medios sociales, la cara de la moneda cambió: se incrementó tanto la demanda de usuarios que las empresas quedaron rezagadas. De ahí que los cibernautas comenzaran a crear, comprar o trabajar con quien estuviese disponible dentro de la web, tendencia que seguirá en los próximos años.

Después de muchos años de estar trabajando con empresas y empresarios hemos detectado una serie de riesgos y oportunidades a los cuales se están enfrentando. Es difícil enumerar los riesgos y las oportunidades que suceden con la tecnología, pero sí podemos identificar algunos que tienen que ver claramente con la tarea de la dirección. Creemos que los más destacados son:

Velocidad

La tecnología, aunada a nuestro estilo de vida, estimula que los cambios, la comunicación y las transacciones de bienes y servicios sean cada vez más rápidos. El consumidor cada vez más tiene la expectativa de hacer las cosas más rápido. Visto como riesgo, podemos decir que el no adaptarse a la velocidad puede dejarnos atrás. Como oportunidad, representa penetrar y ganar un mercado antes que los demás, de forma expedita.

Temor a lo desconocido

Muchos directores y dueños de empresas nacieron en un mundo no digital. Lo que aprendieron comienza a estar en tela de juicio, el camino conocido ya no es tan cierto, y frente a lo desconocido está el temor. Como ya lo mencionamos, el cambio siempre es una amenaza y un riesgo, pero la innovación en cualquier producto o tecnología es una oportunidad que nos dará ventaja, pues veremos luz donde la competencia tiene oscuridad. La investigación es la clave de este dominio, y el mejor antídoto es abrirnos a las ideas, invertir en ellas, destinar dinero a la exploración, decidirnos a cometer los errores que nos llevarán al acierto. Así, lo desconocido se convierte en una gran oportunidad.

Estrés

Si al temor a lo desconocido le inyectamos velocidad, el resultado es el aumento exponencial del riesgo y la necesidad de respuesta casi inmediata, lo que eleva los niveles de estrés de los empresarios, pues además de aceptar riesgos, medirlos y administrarlos, deben tomar decisiones de forma rápida en todo momento, ya sea presencial, por teléfono, por correo electrónico, incluso por chat. El estrés tiene como función alertar al cuerpo para riesgos inmediatos, pero es peligroso si no se le da salida. En esencia, es energía, y si esa energía se dirige hacia alguna dirección concreta, permite a las personas y a las empresas sacar lo mejor de sí mismas.

Información abierta e inmediata

La información está disponible para todos en cualquier momento. Poseemos un número inconmensurable de libros, estudios, reportes internos y externos, o algunas equivalentes, lo que nos permite encontrar justo lo que queremos. En esto también hay un riesgo: nos vuelve vulnerables, pues nos pone en una especie de "igualdad" frente a los otros que también acceden a la misma información. Aquí, los factores de riesgo y oportunidad derivan de la habilidad para procesar la información. A nivel global, debemos transformar la era de la información en conocimiento. La información está con nosotros, lo que debemos cuestionarnos, al igual que con la tecnología, es qué vamos a hacer con ella.

Mercado global

La competencia cada día es más abierta y no se da sólo entre compañías del mismo tamaño o de determinado sector. Cada vez hay más empresas invirtiendo o transformando sus productos o servicios, al tiempo que los vuelven accesibles para cualquier persona a lo largo del planeta. Uno o mil tornillos pueden comprarse en la ciudad, en el país que sea, en una tienda, a una persona o a una pequeña, mediana o gran empresa, todo con la misma acción: haciendo clic.

La competencia es una amenaza creciente, por lo que la ventaja radica en tener la visión total del mercado. Esto implica un cambio en la mentalidad (*mind set*) de los directores de empresa.

Corto vs. largo plazo

Diariamente escuchamos historias de empresas que crecen de la nada y generan triunfos inmediatos, lo que propicia la idea de que en internet el éxito es instantáneo; sin embargo, no conocemos el número de intentos que esos emprendedores han experimentado y lo que hay detrás de ese éxito. El reto de las empresas estriba no sólo en intentarlo una vez, sino muchas y luego sobrepasarse a sí mismas constantemente y a lo largo del tiempo. La gran oportunidad se encuentra tanto a corto como a largo plazo, ya que el éxito radica en haber ganado experiencia. Y si la aventura logra sus objetivos, ganará en el mercado.

ROI (*Return On Investment*)

El ROI es un indicador de la rentabilidad de la inversión en un cierto periodo. Si el resultado del cálculo no es favorable, inmediatamente se desecha el proyecto. El uso del ROI es riesgoso porque no captura todo lo que explica la inversión. La oportunidad está en utilizarlo como indicador de unos rendimientos futuros interesantes y de una mejora en la posición en el mercado de la empresa debido a la inversión. Muchos empresarios deciden no invertir en tecnología o comercialización digital por no poder medir el retorno de la inversión. Hay dos factores que considerar: el primero es que, en esencia, el ROI se da al final de un ciclo; se invierte a un plazo determinado y se espera a que dé resultado. El error, derivado del estrés, el desconocimiento, la incertidumbre y la velocidad, nos orillan a pretender que el ROI sea inmediato. El segundo factor tiene que ver con la imposibilidad de aislar un componente de los demás. Las utilidades o el retorno en la inversión son el resultado de las acciones empresariales y difícilmente podemos aislarlas. La amenaza de este factor es invertir en tecnología sin tener resultados; la oportunidad es tenerlos.

Economía de rentas y suscripciones

Anteriormente el único camino que teníamos para satisfacer muchas de nuestras necesidades era comprar algo, con el tiempo la evolución del mercado abrió los sistemas de renta, con el avance de la tecnología hoy podemos rentar en vez de comprar muchos productos y servicios, como música en Spotify, cuartos y casas en Airbnb.

Como consumidores siempre hemos querido y querremos satisfacer nuestras necesidades. El riesgo de no entrar en estas economías de renta es que día a día nacen empresas con esta forma de negocio y están destrozando mercados como el de los taxis, con Uber o Cabify. La oportunidad de rentar es que podemos hacer compañías con "activos de otros usuarios", crecer de forma exponencial al no tener que comprar los bienes que rentamos, entre otras virtudes.

Seis generaciones

Según algunos analistas, vivimos en un mundo en donde conviven seis generaciones diferentes, seis diferentes grupos de personas que tienen diversos gustos, preferencias, que han vivido diferentes experiencias individuales y colectivas, que comparten ideas similares en ciertos temas pero que en otros están completamente en desacuerdo. Si pensamos que de alguna manera las empresas reflejan esta realidad, el reto de los empresarios es saber trabajar con cada una de las personas pertenecientes a cada generación y lograr entre ellas la convivencia y el trabajo en equipo. La gran oportunidad es obtener la riqueza que la diversidad de generaciones puede aportar a la empresa.

Éstos son simplemente algunos de los factores que están influyendo en la forma de hacer negocios y de dirigir las empresas en la era digital.

Sumados estos factores nos damos cuenta de que estamos frente a un reto colosal. La misión para el director de empresa está en contar con las habilidades directivas necesarias para poder navegar en esta tormenta, tales como la capacidad de análisis, la síntesis, la adopción de riesgos y, sobre todo, el liderazgo de equipos multidisciplinarios de índoles y edades diversas.

El mensaje principal es que las amenazas se deben convertir en oportunidades, lo cual hoy en la era digital sólo se logra mediante el trabajo empírico y la aplicación del método científico: experimentar, acertar o errar, lo cual en resumidas cuentas es aprendizaje. En la medida en que las empresas empiecen a aprovechar las oportunidades que les ofrece la tecnología, que obtengan y utilicen este aprendizaje, podrán tener ventaja sobre la competencia.

Esto no es nada nuevo: el avance en la ciencia es el resultado de la experimentación, la mera implementación el método científico. En conclusión, lo único que nos toca es conquistar lo desconocido.

Los principales cambios en la era digital		
CAMBIO	RIESGO	OPORTUNIDAD
Mayor velocidad	Quedarse estancado	Tomar la delantera
Temor	Parálisis	Aprendizaje
Estrés	Crisis	Mejorar y ser más rápido
Información abierta e inmediata	Igualdad de información	Interpretación y decisión
Mercado global	Mayor competencia	Más mercados
Corto y largo plazo	Caída rápida	Crecimiento
ROI	Mayor incertidumbre	Mayores oportunidades
Economía de rentas y suscripciones	Nuevos competidores	Aprovechar recursos ociosos del mercado
Seis generaciones en una empresa	Choque generacional	Riqueza de la diversidad

2

El gran reto

Internet es un conjunto de redes de comunicación interconectadas con una función muy similar a la de cualquier medio de comunicación. Si damos un rápido vistazo a la historia de los medios de comunicación, podremos entender mejor su funcionamiento, con la finalidad de utilizarlo según nuestros objetivos.

El proceso de comunicación es el mismo desde el principio de la humanidad: hay un emisor, un receptor, un mensaje, un canal comunicativo, un código de lenguaje y un contexto. En el principio de todo, un hombre gritó, otros lo escucharon e interpretaron el mensaje, algunos acudieron al llamado y otros no prestaron atención.

En la era de los medios masivos de comunicación el presentador daba un mensaje por medio de texto, audio, imágenes fijas o en movimiento, el cual se codificaba en ondas para ser lanzado al espacio, a través de una antena o cable, para luego recibirse en un decodificador, que reproducía la información emitida.

En la actualidad, una computadora permite abstraer la realidad (palabras, audio, imágenes e inclusive ideas complicadas, como las emociones) para transformarla en información. Al conectarnos a internet nuestro dispositivo se conecta con otro similar y sucede un intercambio de datos. Las acciones que realizan estas dos computadoras son programadas por los humanos o por otras máquinas. Por ejemplo, las transacciones de la Bolsa de Valores son emitidas por Reuters para ser leídas por otra computadora con el algoritmo de Goldman Sachs, que descifra la información y emite la posición de compra o venta de ciertas acciones, mientras que otra computadora la interpreta. Así funciona la Bolsa, en milésimas de segundos. En términos más sencillos, al mandar un correo de texto, éste se transformará en código y llegará a otra computadora que lo interpretará para ser leído por otra persona.

A pesar de la complejidad, los principios de la comunicación son los mismos en su esencia; sin embargo, cada uno de ellos cambia constantemente. Algunos de los paradigmas que están en transformación son los siguientes:

Consumidores a prosumidores

El primer gran cambio que ocurrió con internet fue previsto por el futurólogo Alvin Toffler, en 1980, al crear la denominación *consumidor proactivo*, que hacía referencia a que las personas dejaríamos de ser sólo consumidores para convertirnos en *prosumidores*, es decir, ya no seríamos únicamente consumidores, también crearíamos bienes para el mercado. Y con estas palabras nació el término.

La web hizo factible crear y compartir contenidos, cualquier persona puede construir medios de comunicación como los blogs y competir con las grandes empresas de comunicación. Ejemplo de eso son algunos portales de política de Estados Unidos que, aunque no pertenecen a una gran empresa de medios, cuentan con mayor credibilidad que muchos medios de comunicación.

Pero los blogs sólo fueron el inicio, con la sección de comentarios del blog y los chats nació la posibilidad de la comunicación en dos vías. Entonces las personas empezaron a comunicarse y relacionarse por intereses comunes. Poco a poco se fragmentó esta comunicación y nacieron los foros y el intercambio *Peer2Peer* (P2P) o *Consumer2Consumer* (C2C).

Éste fue un cambio muy significativo para algunas industrias, como la disquera. En Napster las personas pudieron compartir sus archivos de música en la red, agruparse, crear foros y organizarse, con estos principios nacieron las redes sociales que conocemos hoy en día y los negocios *Consumer2Consumer* (c2c), como Airbnb, donde las personas rentan sus habitaciones, o como Ebay, donde unos venden a otros sus productos.

Medios de comunicación a redes sociales

Las personas, cuando interactúan entre sí y se unen para realizar cualquier tarea forman una red social. En los inicios de internet la vinculación se facilitó con el nacimiento de las redes sociales; de hecho, algunos aseguran que fue a partir de Six Degrees y otros hablan de Geocities.

Esto fue una evolución de la capacidad de prosumir contenidos, pues las personas pudieron informarse y dialogar con otras personas a través de los medios sociales sin los canales tradicionales de comunicación, por lo que la comunicación dejó de ser unidireccional para convertirse en bidireccional, es decir, pasó de ser sólo informativa a una conversación.

Emisores a conversadores

El poder de prosumir contenidos y poseer medios sociales multiplicó la posibilidad de conversar, ya que ahora es posible responder un mensaje de cualquier tipo en todo momento. En la era de los medios de comunicación esto era impensable, si el locutor de noticias decía una mentira, nadie podía desmentirlo, en cambio, ahora puede ser refutado en tiempo real, y no sólo eso, sino que puede iniciarse un debate entre usuarios para unirse a un fin común.

De medios de las empresas a medios de las personas

Todo a nuestro alrededor evidencia que lo más importante es el receptor. Anteriormente las empresas, las marcas y los medios de comunicación eran los que ostentaban mayor poder. En cambio, hoy es el usuario el que tiene el poder, pues él es el eje: sin clientes no hay empresas, ni marcas, ni medios.

Una de las primeras muestras de este cambio fue magníficamente conceptualizado por la revista *Time*, en 2006, al considerar que las personas más importantes del año eran *YOU*, es decir, los creadores de contenidos en Wikipedia, YouTube, MySpace y Facebook.

Recientemente, en 2014, la empresa IBM preguntó a cuatro mil directores sobre el futuro y los riesgos de los negocios. La conclusión fue que las empresas deben estar activadas por los clientes.

Monomedia a multimedia

Desde los principios de la humanidad nos hemos comunicado a través de sonidos, texto e imágenes: las pinturas rupestres, el alfabeto, la música, la escritura y el teatro… Después, con la llegada de los medios masivos de comunicación pudimos masificar cada uno de estos formatos: el texto y la imagen a través de periódicos y revistas, el radio para la música y la voz, y el cine y la televisión para las secuencias de imágenes.

En internet la historia fue similar: primero hubo texto, luego imágenes fijas, después video y ahora vivimos la combinación de estos medios en un solo flujo, es decir, multimedia.

Monoplataforma a multiplataforma móvil

Dado que tenemos el poder porque estamos conectados en todo momento, nosotros elegimos el medio a utilizar para comunicarnos, y como cada día hay más aparatos multimedia, desde un reloj hasta una pantalla táctil, esperamos que aquello que buscamos también esté en cualquier formato.

Al principio la solución estribó en crear sitios web disponibles para cualquier equipo. Hoy buscamos que se aprovechen al máximo todas las funciones de los dispositivos; por ejemplo, en los móviles buscamos explotar al máximo la geolocalización, así como que sean activados con nuestros signos vitales o con la voz, en cualquier momento podemos tomar nuestro móvil y pedirle que haga algo, sólo anteponiendo las frases: "Oye, Siri…" u "Ok, Google".

Horarios a omnipresente
Dado que la red está activa las 24 horas del día, los 365 días del año, esperamos que los servicios tengan la misma disponibilidad. Las computadoras son de gran ayuda para lograrlo, pues un cliente puede dejar un pedido o una queja para que las compañías respondan a la brevedad.

Rápida caducidad a memoria infinita
Estamos acostumbrados a que todo está en internet. Antes se decía que no había nada más viejo que el periódico de ayer, hoy el periódico de ayer y el de todos los días esta disponible. En la web casi nada desaparece, incluso en algunos ámbitos borrar información se considera falta de transparencia.

Emisiones con horario a bajo demanda y personalización
Los medios de comunicación aseguraban "saber lo que nosotros queríamos" y en consecuencia crearon programas con horarios específicos, así que si deseábamos verlos teníamos que hacerlo en el horario establecido y bajo el formato que ofrecían.

Hoy, con la explosión del alcance mediático y los buscadores de información, nosotros como consumidores dictamos las pautas de comunicación: información de forma instantánea y en el formato de nuestra preferencia. Suena complicado, pero no lo es.

Al tipo de comunicación "quiero esto ahora" se le ha llamado *on demand*. Sólo consumimos lo que queremos en el momento que lo queremos. Sin embargo, estamos cambiando a un nuevo paradigma, en el cual deseamos que las empresas o los servicios, además, personalicen la experiencia. Esto no es algo nuevo, por ejemplo, cuando vamos a una tienda el vendedor nos juzga con base en nuestra edad, actitud y gustos; es decir, interpreta la información que puede recabar de nuestra apariencia para hacernos una oferta. En internet esperamos lo mismo. Por ejemplo, cada uno de los perfiles en Facebook es diferente al de cualquier otro de los millones que existen, cada cuenta es distinta, lo cual nos lleva a la personalización.

Esta forma de conocer al consumidor y de acceder al mercado está revolucionando a las empresas por la complejidad que implica la ejecución, pues hay muchas más áreas de la empresa que están involucradas.

TRANSFORMACIÓN DE LOS MEDIOS DE COMUNICACIÓN	
CAMBIOS EN LA COMUNICACIÓN MASIVA	
Medios masivos análogos	Medios masivos digitales
Consumidor	Prosumidor
Medios de comunicación	Redes sociales
Emisores	Conversadores
El emisor es el centro	El receptor es el centro
Monomedia	Multimedia
Monoplataforma estática	Multiplataforma móvil
Horarios	Omnipresente
Rápida caducidad	Memoria infinita
Emisiones con horario	Bajo demanda y personalización

La suma de estos paradigmas demanda la transformación integral de la empresa, pues ahora cualquier consumidor, en cualquier momento, puede contactar con otras personas, empresas o corporaciones a través de internet. Buscamos y, en segundos, podemos entrar en contacto con algo humano, como un perfil en una red social, una persona como remitente de un correo electrónico, un chat o una explicación por medio de texto, audio o video en la página web.

Los usuarios deseamos ser tratados como personas, nos interesa que las compañías estén representadas en este ecosistema digital para así poder contactar con ellas en la forma en la que queremos, como queremos y cuando queremos. Nuestra expectativa es tener una experiencia digital rápida y dinámica, y con servicio de buena calidad.

Si analizamos la esencia de la empresa, vemos que su nacimiento se deriva de la "creación de un valor para alguien", este alguien es el cliente, es una persona, el activo más importante para la empresa, pues si no se crea valor para éste, la empresa no tiene razón de ser. En el momento en que no le damos valor al cliente perdemos lo más importante de la empresa: el sentido de su existencia.

Los directores lo sabemos, pero lo olvidamos; el principal foco de nuestra atención debe ser crear valor y experiencias únicas para los clientes, tanto en la web como en el mundo tangible, pues en todo momento pasamos de lo digital a lo análogo. La multicanalidad representa un reto enorme: ¿cómo ofrecer en los diferentes puntos de contacto experiencias únicas para el cliente?

La idea central de este libro es dejar de pensar que podemos vivir sin una representación en la web. Internet es parte de nosotros, vivimos de la mano del *smartphone*, en él está contenida nuestra memoria, trabajo, relaciones, contactos, tareas y un largo etcétera. El reto apenas inicia ahí, pues en el futuro las empresas que aprovechen mejor el canal digital para mejorar sus servicios y contacto con el cliente superarán a las que no lo hacen.

Por ejemplo, en el proceso de compra en *e-commerce* lo primero que vemos es una noticia en un medio de comunicación, inducida por Relaciones Públicas, o un anuncio comprado por Marketing. Al hacer clic se llega al sitio de ventas, donde buscamos información sobre lo que queremos adquirir, que es generada por el departamento de Ventas o de Ventas en línea. Chateamos o pedimos informes para finalmente tomar la decisión de compra, con lo que pasamos al departamento de Compras o Finanzas. Pagamos y obtenemos el producto o el servicio de forma inmediata, con lo cual entramos en contacto con el área de Operaciones. Si tenemos un problema levantamos una queja a Soporte o Atención al cliente.

En pocos minutos hemos pasado por cada uno de los departamentos de la empresa con un solo clic. El éxito radica en que toda la compañía está involucrada en esta transformación digital. Éste es el principio, la gran aventura: transformar los departamentos de las empresas al ámbito digital para que brinden nuevos productos y experiencias basados en la información del cliente, con lo cual podrán crear nuevas formas de satisfacer sus necesidades.

Desde esta perspectiva el reto parece inmenso; sin embargo, si desarticulamos el problema en las actividades sustanciales de la empresa, el reto se vuelve más manejable segmentando los objetivos.

Para entender cómo se debe orquestar el cambio hay que comenzar por el propósito de la "creación de valor para alguien".

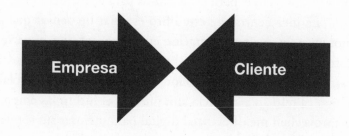

Conforme las empresas crecen crean áreas funcionales como: Administración de Recursos, Producción u Operación, que crea un valor o servicio; comercialización, lo hace llegar al cliente; la dirección, la mente que une las partes anteriores.

Conforme las empresas se especializan y crecen, dividen cada uno de estos departamentos y todos colaboran para alcanzar las siguientes metas: **producir** (Operaciones, Producción, Logística y Calidad); **comercializar** (Marketing, Ventas, Relaciones públicas y Comunicación); **administrar recursos** (Recursos humanos, Finanzas y TI), y **dirigir** (Dirección general, directivos y gerentes). Los clientes no somos responsables de esta división, y no nos interesa cómo están organizadas las empresas, lo que sí esperamos es que los departamentos funcionen de forma armónica, brindándonos la mejor experiencia de consumo, sin tener que pasar por todas las áreas de la empresa.

En los esquemas anteriores vemos cómo las empresas van evolucionando conforme su crecimiento, sin embargo lo que buscan los clientes ahora es tener una atención como en el inicio.

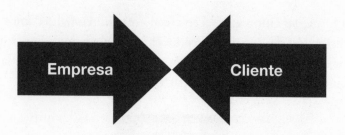

Esta experiencia la vivimos día a día con la compra en línea de cualquier producto, o con cualquier atención vía redes sociales, hoy más que nunca el cliente espera ser atendido como en el esquema inicial, es decir, las personas en los medios sociales deseamos hablar con la compañía como ente, no con cada uno de sus departamentos.

Una forma de ejemplificar "el pasado" es el conmutador telefónico que fue el medio de comunicación reinante de las empresas del siglo pasado, y "el reto" es ofrecer una experiencia como las páginas de *e-commerce*.

En el siglo pasado cuando se tenía un problema se hablaba a la empresa y en el call center una voz programada enunciaba: "si quiere hablar con ventas marque 1, atención, marque 2, finanzas marque 3".

Actualmente en el móvil queremos que la empresa funcione y conteste como una sola entidad, de tal forma que en la página podamos comprar, ver información del producto, revisar nuestros pagos, hablar con alguien, levantar una queja, en fin, todo lo que antes hacíamos con una larga llamada. Las empresas que sean capaces de integrar la empresa en digital, serán las más exitosas, lo cual no sólo supone la creación de una página web con estas secciones, sino en lograr que la empresa funcione de forma rápida y esté tan bien organizada que pueda resolver todos estos problemas automáticamente, como lo hacen las mejores empresas digitales como Mercado Libre, Amazon, Airbnb, Expedia; todo funciona tan bien, que la llamada es el menos utilizado de todos los recursos.

Uno de los mayores retos que tendrán las empresas en este y los próximos años será la conversión de las empresas al mundo digital. Para eso, desde el inicio deben replantear su función y crear un valor que incluya los medios digitales. No se trata de hacer una página web o una red social, sino de reflexionar acerca del negocio, de las capacidades, ventajas y oportunidades que ofrece la era digital.

Este texto está centrado en la comercialización porque creemos que el cliente es el centro de la empresa. Entonces, la labor más importante de la Alta Dirección será entrar en contacto con el consumidor para crear, mejorar y continuar la relación que se ha creado entre la marca, la empresa y el cliente, haciendo uso de los medios tradicionales como de los digitales de forma integral.

3

Identificación y creación de valor: lo que las empresas necesitan antes de entrar al mundo digital

La mayoría de las empresas se funda con la idea de satisfacer una necesidad o crear un valor para un mercado meta. Regularmente, al intentar comercializarlo van adaptando su producto o servicio hasta alcanzar un grado de satisfacción que impulse al cliente a comprarlo. Cuando se logra esa armonía, el negocio crece.

Recordemos que el cliente es el eslabón principal de la cadena de valor, **es la razón de ser de la empresa** y la fuente de recursos que se multiplica y distribuye entre sus accionistas y empleados. Por esta razón, él es quien rige los movimientos de las organizaciones. Adicionalmente, hoy internet lo ha vuelto más poderoso que nunca, **pues tiene en sus manos la base de datos de proveedores más grande de todos los tiempos y puede comparar y comprar a nivel global.**

Esto hace que en cualquier empresa sea indispensable identificar, conocer y estudiar a los clientes no sólo en su interacción con las tiendas físicas, sino en la red, ya que tanto en el presente como en el futuro son la fuente inicial de la creación de valor. Estar en contacto con ellos e identificar sus necesidades de forma continua permitirá tanto actualizar como adecuar la oferta a los movimientos del mercado.

La observación y exploración del cliente es la primera parte de la ecuación, la segunda es el análisis de la empresa, con la investigación derivada correspondiente que indique cómo transformar necesidades en valores y decidir si se quiere, puede y es rentable otorgar dicho valor o satisfacer esa necesidad. Es indispensable que haya una relación de ganancia entre ambos.

Identificación de valor para el cliente

Si las empresas existen gracias a los clientes, el primer paso que éstas deben dar es indagar para conocer las necesidades de sus prospectos o consumidores, que pueden ser de dos tipos: manifiestas o latentes. Las manifiestas se refieren a que el cliente sabe o conoce exactamente lo que quiere y lo está buscando (cuando investiga acerca de algún producto, ya sea en tienda física u *online*), o aún más, ya lo consume. Las latentes son las que el cliente ni siquiera ha identificado, pero que pronto solicitará (adelantarse al futuro y predecir que va a suceder algo). Steve Jobs decía que no es necesario preguntarle al cliente acerca de sus necesidades, porque él no sabe lo que quiere, para eso está la empresa.

Antes de presentar las encuestas, técnicas y plataformas con las que es posible llevar a cabo una investigación de mercado, vale la pena recalcar que "identificar el valor" y "verificar con el cliente final, el valor de lo que deseamos ofrecerle", es el primer paso, no sólo de la comercialización, sino de la existencia de la empresa.

Es tan relevante este punto que la disciplina de marketing ha propiciado el desarrollo de una gran cantidad de técnicas y metodologías, tanto cuantitativas como cualitativas, para poder identificar y conocer al cliente y a los mercados. Por no ser el objeto de esta obra, omitimos profundizar en este tema y nos concentraremos en entender cómo aprovechar los medios digitales para el conocimiento del cliente. Si se quiere profundizar en este punto recomendamos consultar libros específicos sobre investigación de mercados.

En las redes sociales las personas están agrupadas. Visto de cierta forma, es el *focus group* más grande de la historia: podemos ver sus acciones, relaciones, intereses, horarios, localización y, con base en la información, generar una oferta de valor para ellos. El conocimiento de los clientes es lo que nos permitirá crear una adecuada oferta de valor; de ahí la importancia de identificar lo que le es valioso.

El valor para el cliente puede provenir de tres fuentes básicas: funcionalidad del producto, accesibilidad económica y satisfacción emocional. El primer valor responde al uso que le damos a las cosas: ¿para qué sirven?; el económico corresponde al valor monetario: existen productos o servicios cuyo precio es el factor distintivo y determinante para adquirirlo; y el valor emocional apela a los atributos, acepciones o concepciones que nos da cierto producto, y con los cuales nos identificamos y vinculamos emocionalmente.

Cualquier oferta de valor tiene una mezcla de estos elementos. Saber cuál es la adecuada dependerá del mercado meta al que deseamos llegar, o sea, el conocimiento del mismo nos hará ver sus necesidades funcionales (¿qué necesita el cliente?), económicas (¿cuánto está dispuesto a pagar?) y emocionales (¿qué valores subjetivos le da al producto?).

¿Qué es valioso para mi cliente?

Por medio de internet las empresas pueden conectarse uno a uno en una entrevista a fondo, uno a muchos, como en una encuesta, o promover la integración de un *focus group* con uno o varios de sus clientes.

Esta virtud de internet como fuente de investigación es poco utilizada y muchas empresas o emprendimientos se crean dando por hecho supuestos del mercado meta que no han sido comprobados. Hay que recordar que éste es un medio de comunicación de dos vías, lo cual es una gran ventaja comparado con cualquier otro medio, pues en lugar de intuir supuestos del mercado meta podemos averiguarlos por medio de entrevistas o investigación *online* y, en pocos instantes, ser capaces de medir la demanda de cierto producto o del tamaño relativo de un mercado en una ciudad a través de buscadores, conocer el número de encargados, gerentes o directores de compras de un sector a través de una red social, así como realizar análisis con todos estos usuarios, como veremos a continuación.

Identificación de clientes y mercado meta

La labor de la Alta Dirección estriba en definir el mercado meta y tener muy claro quién es el cliente. El paso inicial de cualquier estrategia será encontrar al cliente prototipo y crear una conexión lo más profunda posible. Eso fue lo que las grandes empresas de consumo descubrieron hace decenas, quizá cientos de años: si no entendemos al cliente, no podemos satisfacerlo. Así empezó Ford, satisfaciendo las necesidades de transporte de la mayoría con un automóvil accesible para todos.

Como ya hemos mencionado, en internet encontramos el *focus group* más grande del planeta. Las empresas más ágiles que toman en cuenta las decisiones del cliente son las que más rápido sobresalen, que representan ya la nueva ola de compañías que está impactando fuertemente las industrias *as usual*. Uno de los grandes ejemplos es Starbucks, empresa que desde hace años ha preguntado a sus clientes qué es lo que quieren, y luego se concentra en resolverlo.

En las empresas del presente la clave está en construir en una sola plataforma la oferta para el mercado. En un entorno cambiante en donde el cliente puede migrar de marca, la atención al cliente se vuelve el centro y la base del negocio, producto o empresa en cuestión de segundos. Así, lo más valioso es la relación con el consumidor y la confianza que se crea por medio de la entrega continuada de satisfactores. La gran meta de las empresas es construir, junto con el cliente, una cadena de valor de forma reiterada y para lograrlo la web se ha vuelto indispensable, pues no existe otra forma de alcanzar ni ordenar la comunicación con cientos, miles, millones de clientes. El mundo digital nos permite comunicarnos como nunca antes y con la inmediatez que demanda hoy el cliente.

Entonces, la estrategia debe iniciar con la definición del cliente. Para crear una sola imagen de millones de personas no hay mejor forma que construir un personaje. El personaje es la encarnación o representación de un gran número de personas, y los más trascendentes son aquellos que representan a todos los humanos. De hecho, el teatro es una de las artes más antiguas de la humanidad y una de las más importantes industrias culturales aun en nuestro tiempo. Por ejemplo, en las tragedias griegas o en la obra de Shakespeare encontramos la encarnación de un sentimiento común, como los celos en *Otelo*. O podemos referirnos a las series y el cine, que se basan en encontrar lo común de los humanos y representarlo frente a nuestros ojos.

La creación de personajes es una práctica común en la mercadotecnia como en el teatro, y con un poco de imaginación podemos aplicarla a nuestro entorno, siempre y cuando conozcamos al cliente. Recordemos que sólo es una representación, por lo que hay que tener presente que entre más información tengamos de la idea, la persona o el mercado, mejor será el resultado.

La Alta Dirección debe saber a quién quiere llegar y, si bien las herramientas digitales ayudarán a encontrar las respuestas, es muy importante tener claro el mercado, por lo cual será necesario segmentarlo. No se pueden construir todos los personajes, tenemos que seleccionar aquellos a los que serviríamos.

Entonces, he aquí la primera pregunta a contestar: ¿quiénes son mis clientes actuales y potenciales? Posteriormente debemos plantear de forma objetiva qué deseamos saber acerca de este mercado para crear una oferta de valor, y ésta es la segunda pregunta: ¿qué buscan?

Para contestarlas hay que considerar otros elementos más precisos, de manera que se pueda dividir a los prospectos o clientes actuales por su edad, estilo de vida, intereses, actividades, valores o nivel socioeconómico; esta información nos ayudará a construir los personajes y a identificar los segmentos. Recordemos que por lo regular las empresas tienen más de un cliente potencial, por eso deberán responder a las preguntas de cada uno de los segmentos, entre otras.

Datos demográficos
- ¿Qué edad tiene?
- ¿Dónde está?
- ¿A qué nivel socioeconómico pertenece?

Datos psicosociales
- ¿Qué le interesa?
- ¿Qué actividades acostumbra realizar durante el día?
- ¿Qué opinión tiene del mundo, de las empresas, de nuestro producto y de la competencia?

Datos laborales
- ¿En qué sector industrial trabaja?
- ¿Qué puesto tiene?
- ¿Cuál es el mayor reto de su puesto?
- ¿Cuál es su principal obstáculo?
- ¿A cuánto ascienden sus ingresos?

Referencia a otros estudios
- ¿Existen estudios sectoriales, globales, mercadológicos sobre gente de la misma edad, industria, rol, tipo de vida?

Medios que consume
- ¿Qué clase de información lee?
- ¿Cuáles son los medios especializados en los que se informa?
- ¿Qué lenguaje manejan?

Con estas preguntas clave se inicia cualquier estrategia de comercialización. Normalmente las respuestas ya existen en la mayoría de las empresas, pues tenemos al consumidor en la tienda o nuestrso vendedores están en contacto con ellos; sin embargo, la recomendación es no simplificarlo y llevar a cabo evaluaciones periódicas. En la página de www.reevoluciondigital.com puede descargarse un cuestionario base para construir el cliente ideal, así como otros recursos.

Recordemos que entre más conozcamos nuestros segmentos, mejor podremos adaptar nuestra oferta de valor al cliente.

Ahora, una pequeña digresión en nuestro hilo conductor. Con tanta información las empresas se enfrentan con un dilema ético muy relevante: el cuidado y resguardo de los datos relativos a los clientes, ya sean individuales, en el caso de relaciones comerciales entre empresas *Business to Business* (B2B), o masivas entre empresas y consumidores *Business to Consumer* (B2C). A través de las redes sociales se obtiene muchísima información que ha generado toda una controversia en cuanto a su privacidad y seguridad. El manejo y acceso a la información siempre da poder y tiende al mal uso, por lo que las empresas deben ser muy profesionales en este aspecto.

Consolidación de información en un cliente prototipo

El nivel de profundidad de esta investigación depende de la Alta Dirección. Entre más información se tiene, hay mayor certeza; entre menos información, mayor incertidumbre.

Es importante pensar en nuestro cliente prototipo como una persona y no como un perfil de ventas, es decir, qué le interesa, qué le importa, qué contenido le agrada, qué metas tiene y cuáles son sus preferencias. Una vez que la persona está visualizada, puedes moverla en diferentes escenarios, lo cual agregará valor.

Tanto en la investigación como en la creación del cliente prototipo podemos caer en el simplismo. Es muy común que contestemos rápidamente que conocemos a nuestro cliente sin hacer ninguna investigación previa. Las consecuencias de esto pueden ser muy costosas, ya que basándonos en nuestros limitados conocimientos estamos afectando todas las decisiones que tomemos en adelante. Por otro lado, es factible caer en el exceso y al hacerlo podríamos paralizarnos, pues inventaríamos una novela de nuestro cliente, lo cual no sería descabellado, ya que podríamos crear una serie de productos que nos llevaran a vender un estilo de vida, y con ello ofrecer una gran cantidad de productos a nuestros clientes. Pero nuevamente las preguntas son: ¿el cliente lo necesita?, ¿cuál es su percepción? ¿Qué valor le agrega?

A nivel corporativo debemos crear un departamento, o al menos una persona, que se dedique a sistematizar y analizar a los clientes. Para eso podemos ayudarnos de las redes sociales, que nos mantiene conectados en todo momento con ellos, nos permite seguirlos día a día y preguntarles, en tiempo real, cualquier cosa acerca de nuestro producto.

Proceso continuado de creación de valor

La creación de valor, como hemos visto, es una de las principales actividades de la Alta Dirección. Hoy internet otorga la posibilidad de convertir esta creación de valor en un diálogo continuado.

La creación de valor es un proceso en perpetuo cambio, constantemente entran nuevos competidores, los consumidores se adquieren, se desarrollan, mueren… y la única forma de estar a tiempo es entrar en contacto directo con nuestros clientes, al mejorar sus vidas a través de la escucha y detección de sus necesidades, y de crear los cambios necesarios para ellos.

Es muy importante ver internet no sólo como un canal de ventas, sino como una fuente inagotable de información, contactos y creación de valor, tanto en el presente como en el futuro. Antes el centro de entretenimiento era la televisión, ahora es internet a través de cualquier dispositivo.

Las grandes multinacionales utilizaron los medios masivos de comunicación, la prensa, la radio y, sobre todo, la televisión para su crecimiento global. Las empresas hábiles en internet, como Google, Apple, Facebook, Amazon, Airbnb y Uber llegaron a obtener en poco tiempo millones de clientes. Como dijimos, la radio tardó 38 años en conseguir 50 millones de usuarios; la televisión, 13 años; el iPod, 4 años; internet, 3 años; Facebook, 1 año; Twitter, 9 meses; y Google +, 88 días.

El cambio es inminente, y la decisión de los directores estriba en si van a apostar a esta velocidad o a seguir creciendo a ritmo de dos dígitos porcentuales. Lo mismo podrá pasar con nuestras empresas si no empezamos a utilizar la web para estar conectados con los clientes de forma permanente

Este capítulo es apenas una aproximación, pero con un mensaje claro: el cliente es primero. Busca y habla con tu cliente en digital, pues esa relación es la razón de ser de tu empresa.

4

Comunicación del valor

Una vez creado, o incluso esbozado, un producto o servicio que le brinda un valor a un cliente, comunidad, empresa o cualquier segmento específico, y que a la vez es rentable para nuestra compañía, hay que comunicar que tenemos lo que el cliente busca. Si la oferta de valor y la segmentación están claramente definidas, sucede la magia entre cliente y comercializador: la aceptación total mutua.

Existen algunas preguntas básicas para conocer cuál es la meta de nuestra estrategia de comunicación:

¿Qué quieres lograr?

La falta de objetivos es uno de los errores más comunes que se cometen en la comercialización digital. Muchas empresas creen que con abrir una página web la venta está asegurada. Con el boom de los medios sociales y las *start-ups* se esparció el mito de que cualquiera podía convertirse en millonario a través de Facebook. Lo cual, en estricto sentido, no es verdad. Aunque es cierto que podemos tener acceso a miles de personas en unas cuantas horas y conseguir resultados tangibles en poco tiempo.

El principio y final de toda actividad empresarial tiene que ver con los resultados, lo que se espera de la puesta en acción. Las metas son diversas y dependen del ciclo de vida del producto, el tamaño, la empresa y muchos otros factores.

¿Para qué lo quieres?
La respuesta a esta pregunta debe contestarse casi a la par de la anterior. También hay que considerar lo siguiente: ¿cuál es el beneficio que se espera tener con la estrategia de comunicación a corto, mediano o largo plazo? y ¿qué esperas lograr en cada etapa del proceso de decisión de compra?

¿A quién se lo vas a comunicar?
Como hemos visto, el personaje más relevante de cualquier estrategia de comunicación es el cliente. Del conocimiento que se tenga de éste depende el resultado de la campaña de comunicación.

Es importante decir que no existe un consumidor único, hay millones de consumidores y todos desean ser atendidos de forma personalizada. Entonces, para acercamos a una persona y entregarle un mensaje, ¿qué debemos hacer? Podríamos comenzar con un análisis del proceso de decisión de nuestro público objetivo.

En los medios tradicionales la segmentación estaba orientada a los niveles socioeconómicos y era masiva. En internet podemos, y debemos, ir más allá: personalizarla y orientarla a nichos de mercado.

¿Qué vas a comunicar?
Ya que tenemos identificada y conocemos a detalle a la persona a la que queremos llegar, tenemos que pensar en cómo vamos a comunicar nuestra oferta de valor, para convencerla de que compre nuestros productos o servicios. Para eso debemos generar, de forma proactiva, un contenido para cada etapa del proceso de venta, el cual se torna complicado cuando el producto es más costoso o complejo. Por ejemplo, es fácil decidir la compra de agua cuando se tiene sed, pero si vamos a comprar un coche, el proceso se vuelve reflexivo. En el caso de los negocios b2b, el proceso es aún más complejo, pues implica mucho dinero y a veces muchas personas están involucradas en la decisión.

¿En qué momento?

Así como un gran vendedor conoce los pormenores de cualquier producto, en la web debemos crear contenidos para representar los detalles, al tiempo que las personas puedan resolver por sí mismas sus dudas.

Para entender esto describiremos simplificadamente una forma de mirar la relación que ocurre entre un vendedor y un cliente en la compra de algo complejo.

1. **Primer contacto:** Esto sucede muchas veces de forma casual, y otras veces va dirigida. Lo primero para que se dé una venta es que las dos personas involucradas se conozcan.

2. **Estímulo inicial:** Un evento determinado, una nueva idea, un problema o un reto pueden desatar la posibilidad de compra, pues las personas buscarán una solución.

3. **Definición del problema:** El que recibe el estímulo define cuál es su problema o reto.

4. **Búsqueda de proveedores:** Una vez definido el problema, los decisores de compra buscan diversos proveedores para satisfacer su necesidad.

5. **Comparación o evaluación:** Después de buscar proveedores, el comprador evaluará el precio, las ventajas, desventajas y características del servicio que desea obtener.

6. **Investigación de proveedor:** Antes de decidir comprar una solución, el cliente se cerciorará de que el proveedor realmente cumpla con lo que ofrece.

7. **Negociación:** Ya que los dos involucrados están interesados, uno en entregar el valor, el otro en recibirlo, puede darse una etapa de negociación en la que la empresa buscará obtener más beneficios o participar en partes del proceso de operación.

8. **Cierre:** Se da cuando el cliente toma la decisión de compra y se inclina por el servicio o producto que más se acerca a sus necesidades. Los ciclos de venta de muchas empresas culminan en esta etapa. Las mejores inician un nuevo proceso y consiguen que la provechosa relación sea duradera.

9. **Recompra:** Después de la compra el ciclo se reinicia desde el inicio, pues toda empresa debe buscar crear relaciones a largo plazo a sus clientes entonces la prueba de fuego no es cerrar, sino conseguir una relación comercial continuada.

10. **Recomendación:** La mejor recomendación es un cliente satisfecho con los resultados que ha obtenido, y no hay mejor medio de promoción que la que se hace "boca a boca", sobre todo en la web, donde las personas comparten continuamente sus experiencias.

11. **Fidelización:** Esta deba ser la gran meta de la empresa, el hacer que este ciclo se vuelva virtuoso, que la experiencia tando de compra, como de uso del producto o servicio sea tan eficiente que los clientes recompren, sean fieles a la empresa y la recomienden.

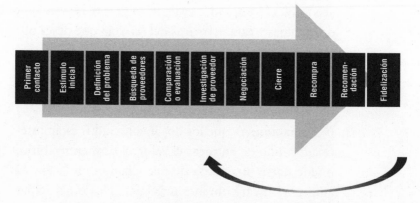

Descargar el mapa del ciclo completo en www.reevoluciondigital.com

Las empresas tienen que lograr crear contenidos para cada público meta y en cada uno de estos momentos. El contenido es el rey, pero el secreto está en crear contenidos (textos, videos, infografías e interactivos multimedia) de alta calidad para cada una de estas etapas adaptadas a las necesidades de cada uno de nuestros grupos de clientes.

Es por ello que el *Content Marketing* se ha vuelto una labor fundamental para las estrategias comerciales de las empresas modernas. Joe Pulizzi, fundador del Content Marketing Institute, lo define como "la técnica de marketing para crear y distribuir contenido relevante y de valor, con la intención de atraer, adquirir y entablar relaciones con una audiencia claramente definida y entendida".

ETAPA	EJEMPLOS DE PREGUNTAS QUE SE HACE EL CONSUMIDOR EN CADA ETAPA DE LA COMERCIALIZACIÓN	EJEMPLOS DE PREGUNTAS QUE DEBE HACERSE LA EMPRESA PARA SATISFACER LAS PREGUNTAS DEL CONSUMIDOR	CONTENIDOS SUGERIDOS
Identificación de prospectos		¿Qué características tienen mis posibles consumidores?	Creación de clientes prototipo o buyer personas.
Estímulo inicial	¿Qué necesito? ¿Qué quiero?	¿Dónde puedo encontrar a mis consumidores dentro de la red? ¿Qué medios consumen? ¿Qué están buscando?	Anuncios, publicaciones en medios de comunicación, etc.
Definición del problema	¿Cómo puedo solucionar mi problema?	¿Qué necesidades satisface mi producto en mi mercado meta? ¿Qué marcas son mi competencia? ¿Cuál es mi oferta de valor?	Presentación de los problemas que soluciona mi producto en diferentes versiones y formatos para cada usuario.

Continúa en la página siguiente

ETAPA	EJEMPLOS DE PREGUNTAS QUE SE HACE EL CONSUMIDOR EN CADA ETAPA DE LA COMERCIALIZACIÓN	EJEMPLOS DE PREGUNTAS QUE DEBE HACERSE LA EMPRESA PARA SATISFACER LAS PREGUNTAS DEL CONSUMIDOR	CONTENIDOS SUGERIDOS
Búsqueda de proveedores	¿Dónde encuentro información de esto? ¿Quién podrá vendérmelo?	¿Cómo, dónde, a qué hora, en qué páginas buscan mis clientes? ¿Qué medios digitales utiliza mi mercado en su vida diaria? ¿Qué intereses definen a mi mercado meta y dónde lo puedo encontrar?	Anuncios en buscadores, tiendas de e-commerce, que lleven a mi sitio de presentación.
Comparación o evaluación	¿Qué otras alternativas hay en el mercado?	¿Qué ventajas tengo sobre la competencia? ¿Cuáles son las especificaciones y requerimientos de mi producto?	Comparativas de mi producto contra otros, recomendaciones de clientes, garantías.
Investigación de proveedores	Éste es el que más me gusta, pero ¿será bueno, confiable, qué experiencia tiene, qué dicen de él?	¿Qué casos de éxito tengo, cómo los puedo mostrar? ¿Qué elementos tengo que den prueba de mi servicio?	Casos de éxito, citas de clientes, muestras de clientes satisfechos con la solución.
Negociación	¿Será el último precio, en otro lugar lo venden más barato, qué le puedo quitar para hacerlo más barato, cómo lo puedo probar, tienen plan de pagos?	¿Qué costo tiene mi producto, qué tarifas voy a dar al mercado, y cuáles a mis distribuidores?	Paquetes, precios, condiciones.
Cierre	¿Con qué lo voy a pagar? ¿Qué tarjetas aceptan? ¿Cómo me lo entregan? Y si no me llega, ¿qué hago?	¿Cómo me van a pagar? ¿Qué tiempos de entrega tendré? ¿Qué medios de contacto necesito?	Formas de pago, garantías de entrega, enlaces de servicio, guías para reclamaciones o atención de quejas.

Continúa en la página siguiente

ETAPA	EJEMPLOS DE PREGUNTAS QUE SE HACE EL CONSUMIDOR EN CADA ETAPA DE LA COMERCIALIZACIÓN	EJEMPLOS DE PREGUNTAS QUE DEBE HACERSE LA EMPRESA PARA SATISFACER LAS PREGUNTAS DEL CONSUMIDOR	CONTENIDOS SUGERIDOS
Recompra	¿Qué más productos o servicios puedo adquirir para hacerlo mejor? ¿Qué otras cosas vende? ¿Me sirvió, lo utilcé, voy a renovar?	¿Qué otro producto puedo vender a este cliente? ¿Puedo hacer un *upgrade* de su producto o servicio? ¿Cómo voy a empezar a promocionar la renovación?	Nuevos usos, complementos de mi producto, lanzamientos.
Recomendación	¿Es esto bueno para mi amigo, jefe, cliente? ¿Se lo puedo recomendar, le puedo mandar un *link*? ¿A quién de mis conocidos le puede interesar?	¿La atención que recibió el cliente fue suficiente para que me recomiende? ¿Ofrecí un producto de calidad? ¿Cómo puedo recabar opiniones positivas de mis clientes, de mi producto o servicio?	Contenido fácil de compartir en redes sociales que muestre la satisfacción del cliente.
Fidelización	¿Es esto lo suficientemente bueno para seguir pagando por ello?	¿Cómo puedo saber si mis clientes están satisfechos? ¿He abierto canales para conocer a mis consumidores? ¿Evalúo el nivel de satisfacción de mis clientes?	Contacto constante con el cliente a través de los medios que él prefiere.

La tabla completa puede descargarse en www.reevoluciondigital.com

Si analizamos lo anterior, es patente el gran desafío que representa para las empresas adquirir las capacidades para enviar mensajes efectivos a audiencias claramente definidas y entendidas, detectadas al momento de crear el *buyer persona* o cliente prototipo.

La efectividad de los mensajes se podrá medir con base en el grado de sensibilización que logre generar sobre su público meta. En otras palabras, qué valor aporta lo que se comunica a los clientes. Hay quienes aseguran que un buen contenido es aquel que hace sentir a la persona que debería pagar por él.

El *postboom* de las redes sociales ha cambiado el panorama. Antes se creaban muchos textos para satisfacer las demandas de los consumidores, ahora existen menos publicaciones (disminución de la frecuencia) pero con mayor valor para la audiencia, ya que han adquirido otras características: contenidos visuales, sintéticos, veraces y prolijos. Elaborar contenidos de mala calidad, poco creativos y nada originales causa un efecto negativo que puede ser perjudicial para los fines comerciales de cualquier compañía.

Aceptar la evidencia de que los clientes buscan información en la web antes de realizar una compra o contratar un servicio nos lleva a crear contenidos para cada etapa del proceso de compra.

Importancia de un buen mensaje hecho contenido
La única forma de estar en contacto permanente con nuestros clientes es a través de una relación de valor. En el plano digital se da a través de la creación de una estrategia de contenidos, continua y definida.

Hemos pasado de la cantidad a la calidad, y esta evolución no sólo ha ocurrido en la web. La historia de la literatura ha demostrado que los textos que han sobrevivido a la humanidad son aquellos cuya fuerza de palabra y contexto son universales. En otras palabras, la calidad es lo que hace que los contenidos perduren y sean consumidos, y es esa cualidad la que nos permite el reconocimiento de nuestras audiencias por medio de comentarios positivos o *likes* al compartir nuestro contenido.

La web es un medio dinámico, lo mismo aloja, crea y distribuye contenido de texto, que audio o imagen. En texto, los contenidos más desarrollados se derivan del periodismo: noticia, crónica, entrevista, reportaje, artículo de opinión y libros; algunos formatos de negocio como los *factsheets,* los *bussines case* y los *business plan* se pueden fragmentar en publicaciones en medios y redes sociales, y además en tiempo real.

En el caso de las imágenes están las infografías: presentaciones, caricaturas, fotografías, fotografías con texto —mejor conocidas como "memes"—, esquemas, diagramas, planos en 3D... y los formatos siguen evolucionando.

En el caso del audio existen programas de discusión, noticieros, comentarios, debates, entrevistas, opiniones, audiolibros, música, en fin, la versatilidad que ha creado la radio en casi un siglo de existencia.

Después está el video, combinación de audio con imágenes secuenciadas y a veces con texto. En este formato las posibilidades se multiplican exponencialmente: videos amateur o profesionales, consejos, datos curiosos, documentales, crónicas, entrevistas, reportajes, *magazines,* miniseries, *review, videolearning,* noticias, testimonios, coberturas, detrás de cámaras, juegos, biografías, noticiarios, promocionales, en busca, *how to,* telenovelas, teatro... la gama es enorme.

Otra forma de contenido surge de la combinación de bases de datos en tiempo real, con aplicaciones que permiten visualizar estadísticas; un ejemplo básico son las aplicaciones meteorológicas que recogen información climática de todos los países y la muestran en todos los dispositivos electrónicos en forma de calendarios, tonalidades de gris, tendencias históricas, mapas, animaciones y fotos.

Además de la calidad, otra característica fundamental para tener éxito con nuestras publicaciones dentro de la red es el formato con el que presentamos los contenidos. Deben ser simples, con una idea y estrategia de comunicación claras, flexibles y universales, capaces de adaptarse a cualquier medio en el que se difundan (un claro ejemplo son las obras de teatro, escritas de manera que puedan adaptarse a formatos como el cine, la televisión o radio).

No hay una regla establecida acerca de qué formato elegir, lo que es un hecho es que un mayor número de personas prefiere lo visual al texto, aunque el gusto se rompe en clientes prototipo.

Otra de las particularidades de la web es que por medio de ciertas plataformas podemos compartir contenido en vivo (*webinars, streaming,* cursos en línea, etcétera) que posteriormente podría buscar alguien más, por lo que hay que tomar en cuenta que después de la transmisión en tiempo real o *broadcast,* debemos generar una versión para que esté en el momento en el que el cliente lo busque, es decir, *on demand.*

Otro punto importante para la elección de formato es considerar el tipo de audiencia a la que se dirigen los mensajes, la estrategia que se planea seguir y el presupuesto con el que se cuenta para la producción de los contenidos que desarrollarán las áreas de Comunicación y Marketing de la empresa, o bien, alguna agencia.

Muchas compañías invierten en el desarrollo de su propio sitio y en plataformas de venta y comunicación, pensando que es la mejor opción; sin embargo, hoy en día también existe la posibilidad de apoyarse en softwares, herramientas o servicios *cloud* que ya están probados, lo que ahorra tiempo, dinero y esfuerzo (se reduce la curva de aprendizaje), además de que a veces los resultados son mejores. Lo mismo sucede en el caso de la producción de contenidos: es mejor usar lo ya probado o contratar los servicios de agencias especializadas en Comunicación, Publicidad, Content marketing, Marketing o Marketing digital.

Un riesgo al subcontratar agencias especializadas es perder el control y que con ello se ponga en riesgo el mensaje de la empresa y lo que la marca representa. Esto puede suceder si se deja todo en manos de la agencia y la empresa se desentiende del cuidado y supervisión de cada contenido generado.

Cualidades o bondades de los formatos	
FORMATO	**CUALIDAD O BONDAD**
TEXTO	• Es la base para cualquier mensaje. • Da información acerca de un tema específico. • Debe ser concreto y veraz. • Debe estar fundamentado con información real.
TEXTO + IMAGEN	• La imagen refuerza la información que presentamos. • Es más explícita la información. • Una imagen es capaz de englobar varias ideas.
AUDIO	• Hace más cercano el mensaje al escuchar la voz de otro. • La musicalización genera emotividad a lo que se dice y, al igual que la imagen para el texto, refuerza el mensaje.
AUDIO + IMAGEN	• Puede combinar tres formatos (texto, audio e imagen). • Hace más cercano el mensaje al escuchar la voz de una persona. • Permite sintetizar mucha información en diagramas que son explicados. • Requiere mucho menos inversión y trabajo que el video.
VIDEO	• Es el único medio en atacar dos sentidos al máximo simultáneamente (vista y sonido). • Utiliza todos los formatos anteriores (texto, audio, imagen). • Sintetiza grandes ideas en poco tiempo. • Su uso es cada vez mayor en todos los dispositivos.

Qué medios vamos a utilizar para comunicar este mensaje

Esta pregunta debemos resolverla con el análisis de nuestros públicos meta. Los medios que elegiremos, tradicionales o digitales, serán aquellos que nos hagan llegar a nuestro cliente.

En el mundo digital desde hace tiempo se ha dividido a los medios en ganados, creados y pagados (*earned, owned, paid media*). Esta división responde a la propiedad de los medios. En ganados están entre otros: las redes sociales, el posicionamiento orgánico en los primeros lugares en los buscadores; los creados son las propiedades de la empresa como: el sitio web; y los pagados, como: la publicidad en buscadores, *banners* en medios de comunicación, entre muchos otros.

En este libro hemos decidido optar por una división basada en su función principal, más que en la propiedad, pues creemos que la función es más importante que la propiedad.

En los capítulos siguientes realizaremos una revisión de algunos de los medios digitales más utilizados basándonos en su función primordial, en primera instancia tenemos los **medios de atracción masiva** como los buscadores, los sitios informativos. Después están los **medios de conversación**, como las redes sociales. Seguiremos con los **medios de presentación**, entendidos como aquellos donde podemos mostrar un mensaje más allá de lo comercial, a través de video, texto, audio; los **medios de conversión** como las tiendas en línea, las páginas de registro o los *showroom*, y, por último, los **medios de atención y comunicación con el cliente**, como las redes sociales internas.

Aunque cabe aclarar que estos medios viven en completa evolución, seguramente al momento que leas este libro habrán cambiado, en algunos o en varios, por ello sólo daremos un breve recorrido por los medios con gran presencia, pero, reiteramos, el día de mañana, o en este instante pueden ser reemplazados por otros. Recordemos que la web es una realidad viva en constante cambio, y este libro es un formato fijo, a fin de darle la mayor vida posible hemos enunciado los medios que cuentan con una gran trayectoria o que creemos la tendrán, sin embargo —diremos una vez más— todo está en completo cambio, y de igual forma para que puedas seguir actualizando todo lo que has visto en este libro puedes buscarnos en la página del libro: www.reevoluciondigital. com donde encontrarás diversos recursos que te ayudarán como cuestionarios, descargables y test sobre el grado de digitalización de tu empresa.

Entonces, recapitulando, lo que debemos hacer primero es definir muy bien nuestra oferta de valor y nuestro cliente prototipo, para ello debemos contestar:

- ¿Quiénes son mis clientes actuales y potenciales?
- ¿Qué es valioso para mis clientes, qué necesitan?
- ¿Cuánto están dispuestos a pagar?
- ¿Qué valores subjetivos le dan al producto?

Una vez que hemos definido bien nuestra oferta de valor, es decir, una vez que sabemos qué vamos a ofrecer y a quién, procederemos a crear nuestra estrategia de marketing, comunicación o comercialización —como queramos llamarle— para ello hay que respondernos:

- ¿Qué queremos lograr?
- ¿Para qué queremos lograr esto?
- ¿A quién se lo vamos a comunicar?
- ¿Qué vamos a comunicar?
- ¿En qué momento?

Una vez que hemos determinado esto, sólo entonces, es momento de elegir qué medios digitales de atracción masiva, conversación, presentación, cierre y atención del cliente, vamos a utilizar para comunicar nuestro mensaje.

5

División de los medios digitales según su funcionalidad en la estrategia de comercialización

Una vez que se ha establecido cuál será el mensaje y a quién irá dirigido, el siguiente paso es elegir la plataforma idónea para mostrar el contenido que se ha creado para un objetivo de comunicación específico. En una misma empresa puede haber muchas y diversas razones para invertir en una campaña, por ejemplo, el lanzamiento de un nuevo producto, fidelizar a los clientes a la marca e interactuar con comunidades de prospectos.

Dentro del universo de la web, se encuentran un sinnúmero de plataformas y softwares que pueden ser poderosas herramientas para ayudar a las empresas a construir cualquier tipo de campaña digital.

Como la web es inmensa, los jugadores de mayor impacto cada vez son más grandes y la distancia que establecen día a día con su estrategia comercial, de inversiones, desarrollo y compras, los vuelven casi inalcanzables: Google se ha colocado como el buscador o navegador por excelencia; Facebook como la red social con más miembros activos; LinkedIn como la red laboral más confiable sobre los datos curriculares de las personas y para hacer *networking*, sobre todo a nivel B2B; Netflix es la plataforma más usada para el *streaming, on demand*, de películas Spotify es el sitio por excelencia de reproducción de música en línea; Amazon se ha colocado como la tienda en línea más grande; y Alibaba como el mercado B2B con mayor crecimiento en nuestros días.

No obstante, estas empresas, a pesar de haberse colocado como íconos dentro de su especialidad, tienen el reto de continuar renovándose para mantenerse dentro del mercado global cambiante, como cualquier otra firma.

En el clima de cambio, el esquema puede ser volátil, ya que los mercados a mediano o largo plazo tendrán otros desafíos y expectativas para los modelos de negocio, e incluso estos modelos se podrían reformar de acuerdo con las necesidades de los consumidores de la mitad del siglo XXI, o bien, que las plataformas que aquí se recomiendan desaparezcan y surjan nuevas, con mejores funcionalidades y alcances.

Dada esta volatilidad hemos hecho, como mencionamos, una división de los medios según la función principal en la estrategia de comercialización:

- Medios de atracción masiva o publicidad: Su función principal es atraer al público meta hacia otro lugar. Dentro de esta categoría está la publicidad en buscadores, los anuncios en portales y sitios de noticias, la publicidad en redes sociales y aplicaciones, aquello que utiliza un *banner* o publicidad pagada para atraer la atención de la persona a otro lugar.
- Medios de conversación o sociales: En estos medios las empresas pueden dialogar con sus audiencias uno a uno, uno a muchos, o muchos a muchos. La principal característica de estos sitios es socializar y conversar, lo que se logra a través de compartir información de interés para la persona a la que se quiere llegar. Como ha dicho Dale Carnegie, la persona más importante para cualquier persona es ella misma. Entonces, si queremos captar su atención, hay que hablarle de lo que a ella le

interesa, y para hacer esto de forma idónea habrá que establecer puntos en común, de aquí que las marcas se interesen en las conversaciones.

- Medios de presentación: En estos medios, el diálogo pasa al poder del emisor: el ofertante. Las empresas o marcas presentan sus productos o servicios a detalle por medio de texto, audio o video en todas sus variantes, con la intención de hacer pasar a la persona al siguiente nivel.

- Medios de conversión: El ciclo de comercialización posee un primer gran paso en el momento del cierre, este sucede en varias etapas, en muchas plataformas el primer cierre se da cuando el prospecto se registra. En este momento el prospecto pasó de desconocido a prospecto, posteriormente se harán varios cierres hasta convertirlo en cliente frecuente.

- Medios de atención al cliente: El final y el reinicio de la etapa de comercialización suceden cuando las personas son clientes. Las estrategias más efectivas logran que las personas sigamos a una marca con estos medios y canales: vemos sus comerciales, las seguimos en redes sociales, entramos a su sitio web, revisamos sus contenidos, *newsletters* y compramos regularmente en sus tiendas.

La meta en las estrategias de comercialización es combinar los medios que existen para lograr que los clientes o prospectos lleguen a un sitio de conversión en el que se cierre la venta una y otra vez. Lo que hacemos es trazar rutas o niveles de convencimiento; es decir, creación de contenidos, su distribución y promoción para incitar a las personas a que, por confianza y entusiasmo, den una serie de pasos para llegar o regresar a nuestro sitio web y que, finalmente, realicen compras una y otra vez.

Así como cada usuario es distinto, también lo son las rutas que eligen para llegar hasta un producto, marca, empresa o servicio, de manera que debemos abarcar todas las posibilidades en los medios para atraerlos. Esto se logra construyendo una cadena perfecta que los atraiga, los haga comprar y los mantenga como clientes durante el mayor tiempo posible, elevando el número de compras, el ticket promedio, las renovaciones, y buscando que recomienden nuestros productos y servicios una y otra vez.

A continuación veremos de forma rápida algunos ejemplos de cada medio.

$$\left(6\right)$$

Medios de atracción masiva

La intención de estos medios es lograr atraer a la mayor cantidad de personas hacia la empresa; sin embargo, el objetivo real no sólo es encontrarlos sino inducirlos hasta nuestro ecosistema (mezcla de medios) para convertirlos, poco a poco, en nuestros clientes. Los medios de atracción masiva más importantes son los buscadores, los correos electrónicos, las redes sociales y la publicidad en portales y aplicaciones.

Buscadores
Los buscadores se encargan de ordenar la información en la web por medio de sofisticados motores de búsqueda que acercan a los usuarios con aquello que desean encontrar inmediatamente. Sin ellos, la navegación resultaría dificilísima, pues los cibernautas tendrían que conocer exactamente las páginas web (URL) de cada empresa o tema que intentan localizar.

Derivado de esto, el marketing en buscadores ha sido siempre una de las piezas clave en cualquier estrategia de comercialización. Así lo eran las páginas amarillas, nos ofrecían un directorio de las diferentes empresas y servicios.

La meta de la empresa es ser el primer lugar de los resultados y para eso existen dos caminos: 1. Comprar publicidad en los buscadores o *Search Engine Marketing* (SEM), que es una opción costosa pero rápida; 2. Posicionamiento orgánico o *Search Engine Optimization* (SEO), que tiene menor costo pero es a largo plazo.

El *Search Engine Marketing* funciona por medio de subastas de palabras clave cuyo costo varía de acuerdo con la oferta y la demanda que tenga cada palabra. Se puede contratar en costo por clic, costo por millar y, después de un tiempo, costo por *lead* o adquisición. Ésta es la forma más sencilla para aparecer en los primeros resultados de Google, aunque cada vez hay más usuarios que prefieren las búsquedas orgánicas (no pagadas) a las patrocinadas.

Realizar una campaña de SEM requiere de cierto tiempo y especialización, pues existen muchas palabras y combinaciones de palabras para nombrar algo y cada una tiene un costo. Por ejemplo, para referirse a una televisión existen varias palabras: pantalla, TV, monitor. Si a esto sumamos la marca, ahora ya tenemos alrededor de 50 combinaciones de palabras; si a esto añadimos las medidas (existen de 3 a 80 pulgadas), ya tenemos alrededor de 400 combinaciones; y si a esto sumamos el lugar en el que estamos, se multiplica por el número de ciudades. Entonces, tenemos miles de palabras y combinaciones posibles, y cada una tiene un costo. Lo que hacen los especialistas en SEM es buscar cuáles son las mejores palabras basándose en las que generan más compras en la tienda en línea.

La complejidad crece con las palabras que están en subasta, porque cada día varían la oferta y la demanda. Podría decirse que esto es similar a la compra de acciones en el mercado bursátil; día a día el valor de cada acción cambia —como el de cada palabra— y por ello se forman portafolios de inversión —en este caso grupos de palabras— y se ve el rendimiento que tienen en un plazo determinado. Cumplido este plazo se revisa qué inversiones dieron más —o qué palabras fueron las que generaron más compras—.

Si se desea entender a fondo el funcionamiento de esta herramienta publicitaria, la plataforma de Google Adwords cuenta con una certificación en línea (Google Adwords Certifications) básica, mediana y avanzada.

Hablemos ahora de *Search Engine Optimization*. Según Moz (www.moz.com), una de las autoridades de la web en este tema, el SEO es el proceso de incrementar visitantes a un sitio web a través de mejorar la posición de la página en los buscadores. Entre mejor sea la posición del sitio, más visitantes tendrá y, por tanto, generará más posibilidades de entrar en contacto con la empresa.

Es una práctica común el sólo revisar las primeras cinco o diez páginas que se muestran como resultados de una búsqueda, así que optimizar la página para que aparezca en los primeros sitios en los resultados de las palabras que describen nuestros productos es esencial para obtener tráfico.

La práctica del SEO ayuda a asegurar que el sitio sea accesible para el buscador y que día a día, semana a semana, tenga una mejor posición en el buscador para las palabras clave que utilizan las personas al indagar por nuestros productos o servicios.

El SEO es una especie de alquimia, conformada principalmente por los siguientes ingredientes:

- Contenido: Google está diseñado para ofrecer respuestas de calidad a nuestras búsquedas y normalmente estas respuestas son en texto. Los expertos reconocidos en esta práctica dicen que lo más importante del contenido es la calidad (producción, aportación, originalidad y creatividad, entre otros aspectos).
- Programación: Es fundamental que el sitio esté diseñado para ser interpretado fácilmente por los buscadores; una forma fácil de resolver esto es crear el sitio con algún Sistema de Gestión de Contenidos (*Content Managment System* o CMS), ya que estas plataformas contemplan ser amigables con los buscadores.

- *Backlinks:* El tercer aspecto tiene que ver con la reputación del sitio. Si otras páginas lo recomiendan por medio de *links*, el navegador reconocerá que es confiable porque se usa como referencia y recibe mayor número de visitas.

Éstos son los principales factores que mencionan los expertos, pero existen muchos otros que deben ser considerados para lograr un mejor posicionamiento en los buscadores. La manera de medir el éxito del SEO es revisar el lugar que ocupa dentro del buscador al teclear las palabras clave semana a semana.

Es recomendable que, aunado a la utilización de la palabra clave genérica, se elaboren contenidos especializados y creativos que se adapten a las necesidades del *buyer persona*. Es decir, en vez de buscar posicionarse por la palabra genérica "zapatos", buscar algo que la cualifique, como "zapatos para alpinismo", o "zapatos para alta montaña", por ejemplo.

Año con año los factores cambian, sin embargo, los factores que se mantienen son el número de *links* de páginas de alta calidad o tráfico que refieren a nuestro sitio y el contenido único y valioso para el público. Esto va directamente vinculado a la reputación de nuestra marca, productos y empresa.

Mailing

El envío de correos electrónicos es una herramienta que ha sobrevivido a todas las plataformas de atracción en internet, por lo que contar con una buena estrategia de *mailing* es una pieza clave de la comercialización digital. Para lograr efectividad se necesitan dos factores, el primero es contar con una base de datos propia, una que hayamos creado con los datos de gente que haya dado muestras de estar interesada en nuestro producto; y la segunda es que aquello que enviemos trate sobre un tema que a la persona le interesa.

Cuando una campaña de *mailing* no está bien diseñada el riesgo es que nuestros envíos terminen en el buzón del correo no deseado (*junk mail*) o que las empresas nos cataloguen en sus listas negras (*black list*).

Redes sociales

La publicidad en redes sociales está en constante descubrimiento y evolución. Desde que existen, las empresas se han preguntado cómo financiarlas y sacarles el mejor provecho. La respuesta fácil ha sido la publicidad, pues las personas están segmentadas por intereses, actividades y opiniones. Sin embargo, el objetivo principal de este medio —como su nombre lo dice— es socializar, por ello no ha sido fácil para las redes sociales implementar estrategias de publicidad que no interrumpan la socialización de los usuarios.

En el siguiente capítulo ahondaremos en los más usados: los de medios de conversación. Por ahora anticipamos que lo interesante de este medio para las empresas es su poder de segmentación. Por ejemplo, en Facebook podemos segmentar por edad, sexo, intereses, estilo de vida, páginas seguidas, etcétera; y en LinkedIn por empresa, sector, tamaño, antigüedad y cargo profesional, etcétera.

Publicidad en medios o *display*

La forma más compleja de publicidad es la de los portales de contenido, pues cada contenido es distinto y visitado por diversas audiencias. Si pensamos en los millones de sitios que hay en cada país y queremos saber en dónde debemos poner un anuncio para llegar a las personas que pretendemos, podemos resolverlo invirtiendo en los grandes medios y sus secciones específicas, por ejemplo, si vendemos inmuebles lo óptimo sería poner anuncios en las páginas de las secciones inmobiliarias de los medios.

Este tipo de segmentación lógica está siendo suplantada por la compra de espacios publicitarios a través de lo que algunos conocen como "publicidad programática", que consiste en comprar publicidad por segmentos de personas, no por temáticas de sitios.

Pongamos un ejemplo, si somos una tienda de calzado deportivo de alto costo y nuestro cliente objetivo son personas de alto poder adquisitivo que corren en la Ciudad de México, podríamos a través de la compra programática comprar anuncios para personas que viven en colonias de alto poder adquisitivo, que visitan medios de comunicación o sitios o tiendas de moda de alto costo, y que también visiten sitios realcionados con carreras, o que hayan descargado aplicaciones para corredores. La gran diferencia de la compra programática a la tradicional, es que ésta se hace con base a los datos de navegación del anunciante.

La compra de publicidad no acaba ahí, también pueden utilizarse técnicas de *retargeting*, esto es que, una vez que la persona visitó nuestra página, la publicidad la siga, es decir, que la publicidad continúe apareciendo en otras páginas o medios de comunicación.

Al igual que todas las anteriores, estas técnicas están siendo cada día más especializadas y hay expertos dedicados sólo a este tema.

Publicidad en *apps*

Al igual que los medios de comunicación, muchas plataformas y servicios web se mantienen por la publicidad, aunque con la posibilidad de pagar por descarga o por visitas. Éste es el mecanismo más usado por las aplicaciones para su financiamiento.

Hoy en día la publicidad en *apps* está creciendo mucho debido al fenómeno de la "densidad digital" (*digital density*). Es decir, cada vez se tiene más acceso a internet a través de un equipo móvil (*smartphone, smartwatch* o *tablet*).

Business Insider, en un artículo sobre el futuro de la industria móvil (marzo, 2015), destaca cómo uno de cada cinco *millennials* está en plataformas móviles. Por ello, la estimación es que el mercado de publicidad en las *apps* prácticamente se duplique de 2013 a 2018, alcanzando un valor de mercado de 80 mil millones de dólares.

Publicidad en video

La publicidad en video en internet va en aumento, desde YouTube hasta los servicios de *streaming,* pasando por todos los medios, canales de televisión y programas independientes. Este formato seguirá creciendo por el nivel de *engagement* (compromiso o lealtad) que logra con la audiencia, por su tendencia a la hipersegmentación de videos, con contenidos que se pueden medir y personalizar dependiendo del consumo y las preferencias del cliente.

7

Medios de conversación o sociales

Llamamos medios de conversación a los que tienen como función principal dar y recibir información. En esta categoría se encuentran las rede sociales, donde lo que reina es la conversación y que, como parte fundamental de cualquier proceso de comunicación, pueden ser utilizadas para un sinfín de conversaciones, tantas como podamos comunicar.

Hemos incluido en cada uno de los medios algunos de los usos más frecuentes que pueden darles los diversos departamentos de la empresa, aunque hay que considerar que estos usos se modifican y multiplican cada día. Así que, lo ideal sería que reflexionaras, solo o con él equipo, sobre cómo utilizar cada una de las redes sociales para el beneficio de la empresa. Para ayudar a los diferentes departamentos del área de comercialización (marketing, ventas, comunicación externa y relaciones públicas) hemos incluido algunos usos específicos que cada área puede dar a estas redes.

Facebook

El día que Facebook comenzó a cotizar en la Bolsa Nasdaq, Mark Zuckerberg hizo una publicación en su perfil con la que define el verdadero sentido de su plataforma: "La gente utiliza Facebook para estar conectada con sus amigos y familia (…) para descubrir qué pasa con el mundo, y para compartir y expresar lo que pasa en él". (Fuente: Página personal de Mark Zuckerberg en Facebook, mayo 18, 2012)

Analizando la declaración, vemos el doble objetivo de esta red: por un lado, fomentar las relaciones interpersonales y, por otro, incentivar la curiosidad y el descubrimiento. Así es como se crean las mejores estrategias. Cuando las personas, debido a sus intereses, amigos o necesidades, descubren una marca, ésta se vuelve su amiga e inician una relación interpersonal. En la red, las marcas se "humanizan" tanto que tienen perfiles (representaciones) y actividades similares a las de las personas. Aquí, algunos de los usos que pueden darse a las redes sociales:

Marketing

Atracción masiva de audiencias: Como mencionamos anteriormente, las redes sociales, y en especial Facebook, son una gran herramienta de segmentación de mercados y de conocimiento de las audiencias, pues las personas son libres de hacer lo que les plazca en la plataforma, y con cada una de sus interacciones positivas como seguir, dar me gusta o compartir un contenido van definiendo su perfil.

Toda esta información permite a la plataforma y a los anunciantes hacer campañas de alta segmentación tanto en intereses, como en objetivos, los principales objetivos publicitarios que promociona la plataforma se dividen en tres: reconocimiento, consideración y conversión.[1]

---

[1] Fuente: https://www.facebook.com/business/help/fblite/633474486707199. Consultado el 22 de septiembre 2016.

Reconocimiento

- Promocionar tus publicaciones:
  ◊ Usa el objetivo de interacción con una publicación de la página para promocionar tu publicación.
- Promocionar tu página:
  ◊ Usa el objetivo de Me gusta de la página para promocionar tu página de Facebook.
- Llegar a personas que están cerca de tu negocio:
  ◊ Usa el objetivo de difusión local para llegar a las personas que se encuentran cerca de tu negocio.
- Mejorar el reconocimiento de marca
  ◊ Llega a las personas con más probabilidades de prestar atención a tus anuncios para aumentar el reconocimiento de marca.

Consideración

- Atraer personas a tu sitio web:
  ◊ Usa el objetivo de clics en el sitio web para atraer personas a tu sitio web.
- Aumentar las instalaciones de tu aplicación:
  ◊ Usa el objetivo de instalaciones de tu aplicación para conseguir que las personas instalen la aplicación.
- Aumentar el número de asistentes a tu evento:
  ◊ Usa este objetivo para conseguir que más personas vean y respondan a tu evento.
- Aumentar las reproducciones de video:
  ◊ Usa el objetivo de reproducciones de video para conseguir que las personas vean tu video.

- Generar clientes potenciales para tu negocio:
  - ◊ Usa este objetivo para crear un formulario que recopilará información de las personas, incluidos registros a boletines, estimaciones de precios y llamadas de seguimiento.

Conversión
- Aumentar las conversiones en tu sitio web:
  - ◊ Usa el objetivo de conversiones en el sitio web para aumentar las acciones valiosas en tu sitio web.
- Incrementar la interacción con tu aplicación:
  - ◊ Usa el objetivo de interacción con tu aplicación para que más gente interactúe con la aplicación.
- Lograr que las personas soliciten tu oferta:
  - ◊ Usa el objetivo de solicitudes de ofertas para promocionar tu oferta.
- Promocionar un catálogo de productos:
  - ◊ Crea anuncios que muestres automáticamente productos de tu catálogo según el público objetivo.

En lo que respecta al público al que queremos llegar podemos segmentarlo de la siguiente forma:

- Público personalizado: utiliza direcciones de correo electrónico, números de teléfono e identificadores de usuario de Facebook o de aplicación para crear y guardar los públicos a los que quieres mostrar tus anuncios.
- Lugar, edad, sexo e idioma: elige los datos demográficos básicos del público al que quieres llegar.

- Intereses: elige intereses particulares que sean importantes para tu público. Estos vienen determinados por aquello a lo que se conectan los usuarios en Facebook, como las páginas y las aplicaciones.
- Comportamientos: Selecciona a las personas en función de su comportamiento o intención de compra, el uso de los dispositivos, etcétera. Estos comportamientos vienen determinados por aquello a lo que se conectan los usuarios en Facebook, como las páginas y las aplicaciones.
- Más categorías: Selecciona a las personas en función de las categorías de socios o de Facebook a las que hayas solicitado acceso. Ten en cuenta que algunos datos sólo están disponibles para anunciantes de EE. UU.
- Conexiones: Selecciona tu público en función de si están conectados o no a cualquiera de tus páginas, aplicaciones o eventos. Cualquier usuario que tenga un amigo conectado a lo que anuncias podrá ver a dicho amigo incluido en tu anuncio. Esto puede aumentar la probabilidad de que encuentren tu anuncio relevante para hacer clic en él o interactuar con él.

Investigación de mercados: Una vez que una empresa ha logrado convertir a sus seguidores en una comunidad digital, puede utilizar la web para estar en contacto directo y en tiempo real con sus clientes. Algunas multinacionales que realizan este tipo de pruebas en medios digitales son Unilever, P&G y Starbucks, estas empresas han creado estrategias de co-creación de valor implementando las sugerencias de los usuarios.

Detección de nuevos mercados: El universo de usuarios es tan amplio en la web que representa una oportunidad para el área de Marketing descubrir cuáles son los usos que se le dan a sus productos o detectar las necesidades de un mercado.

Conversaciones relevantes = Atracción orgánica: Uno de los principales usos que puede darle una empresa a una red es establecer contacto uno a uno con sus seguidores (personas que mayor interés han demostrado por la marca), este contacto es desaprovechado por muchas organizaciones, el hablar uno a uno con los clientes aunque permite iniciar conversaciones que, a futuro, darán paso a la compra. Por eso, día a día la empresa necesita ser más atractiva para los usuarios, brindando atención inmediata a sus preguntas, realizando publicaciones periódicas que sean de su agrado, remitiéndolos al departamento adecuado para satisfacer sus necesidades, etcétera. Y como esta red es un símil de un foro abierto, debemos intentar tener conversaciones relevantes, que creen lazos más fuertes y permitan fidelizar a los usuarios con la marca.

Ventas

Las opciones que presenta Facebook para realizar ventas van desde crear tiendas de la marca en Facebook, hasta empezar conversaciones uno a uno a través de su chat o *messenger*, pasando por la obtención de datos en una página de registro.

Comunicación externa

Monitoreo: Los usuarios en la batalla digital siempre llevan la delantera. Una empresa puede o no hacer una estrategia digital, pero lo que sí es seguro es que la gente hable de ella. El monitorear nuestra marca nos permitirá saber realmente qué quieren los clientes, qué nos preguntan y qué necesitan, pues no sólo se debe monitorear el nombre de la marca, sino las conversaciones donde deberíamos estar o a la competencia.

Relaciones públicas (RP)
La marca puede enviar una solicitud de amistad a los líderes de opinión con los que tiene empatía su *target*. El acercamiento debe ser táctico, amable, honesto y empático, dándoles un trato preferencial y ofreciéndoles algo de valor, ya que estas personas son valiosas y clave para ayudar a la empresa a penetrar en las comunidades digitales.

Es recomendable que la persona que realice el *community management* sea alguien con experiencia y tacto, que actúe con transparencia, honestidad y amabilidad, que conozca sobre el valor de la marca, su historia, su ADN y, sobre todo, el lenguaje que utiliza cuando se comunica con sus clientes. Además, este servicio no sólo debe darse *online*, sino también *offline*, o viceversa. ¿Cuál es la principal métrica? El alcance de las publicaciones (recibir "Me gusta" de nuestros amigos y de los amigos de mis amigos).

Un gran riesgo que corren las empresas cuando esto no está bien ejecutado es tener en puerta una crisis mediática y dañar la reputación de su marca, que le ha costado construir con mucho esfuerzo y dinero.

LinkedIn

Así como Facebook es el líder de las relaciones de amistad, LinkedIn lo es de las relaciones profesionales, laborales y de negocio. Esta red agrupa a sus miembros de acuerdo con su experiencia profesional, sector, cargo que desempeñan, entre otros criterios que tengan que ver con el desarrollo profesional y con los negocios, siendo su misión "conectar a los profesionales del mundo para que puedan ser más productivos y exitosos". Las palabras clave que resaltan son: profesionistas, productividad, éxito y, sobre todo, conexión.

Compartir información relevante sobre un tema específico, generar foros y entrar en contacto con profesionistas que pertenecen a nuestro mismo campo de trabajo son sólo algunas de las ventajas de esta red social. Las áreas que pueden obtener mayor beneficio son Ventas (cuando el negocio es B2B) y Recursos humanos, pues tanto el emisor como el receptor son personas interesadas en crear sinergias y relaciones comerciales, aunque el beneficio también se puede dar en otras áreas de la empresa.

LinkedIn tiene diferentes funcionalidades que se pueden adquirir por paquetes. Aquí un breve resumen de las más importantes:

Perfiles: Los perfiles pueden ser de dos tipos, persona o empresa. En el de persona los datos de los usuarios están orientados a mostrar su desarrollo profesional, cualidades y aptitudes, años de trayectoria, su especialidad, etcétera. En el perfil de empresa, ésta genera información para darse a conocer, los productos o servicios con los que cuenta, sus logros y las alianzas que tiene o desea hacer.

Correo electrónico: Su eje de operaciones es el correo electrónico, que puede enviarse entre contactos (funciona para todas las cuentas).

Publicaciones: Al igual que en cualquier otra red, podemos publicar contenido y enlaces que serán accesibles para todos nuestros contactos.

Recomendar: Todas las publicaciones pueden ser compartidas dentro de la red.

Comentar: Admite comentarios a las publicaciones que hacen los usuarios.

Compartir: Cada publicación puede ser compartida por grupos o de forma individual.

Grupos: El *networking* es una de las principales actividades que se promueven. Por medio de sus grupos, personas interesadas en un mismo tema pueden ponerse en contacto con otros (funciona para todas las cuentas).

Búsqueda de perfiles: Además de buscar prospectos, podemos utilizar LinkedIn para conocer más a las personas con las que tendremos una entrevista, así como a su equipo de trabajo. En caso de que estén conectados con otros colaboradores de su misma empresa, se podrá seguir la cadena de la toma de decisiones.

Monitoreo de grupos: En los grupos pueden encontrarse buenos prospectos o información acerca de las personas con las que estamos en contacto o con las que queremos comunicarnos.

Monitoreo de publicaciones: Seguir a nuestros clientes o prospectos nos puede ayudar a detectar momentos clave para la generación de negocios. Si el usuario es muy activo, puede revelar información que nos permita iniciar una conversación con él.

Visibilidad: Esta función nos deja ver quiénes han visto nuestro perfil, lo que permite saber quiénes tienen intención de conectar o revisan el perfil de la marca o los vendedores. Los perfiles completos de los usuarios sólo se pueden ver cuando estamos conectados con estas personas (funciona para las cuentas *Premium, Recruiter* y *Sales*).

Mensajes *in mail*: Esta función permite enviar correos electrónicos directos a cualquier persona que esté en LinkedIn que no sea nuestro contacto. Además, nos conecta con altos ejecutivos de difícil acceso, lo cual lo convierte en una excelente herramienta de B2B. Podemos pensarlo como el directorio laboral del planeta (funciona para las cuentas *Premium, Recruiter* y *Sales*).

Presentaciones: Esta función es menos agresiva que el mensaje *in mail*, pero su funcionalidad es la misma, pues solicita a un tercero la presentación con otro usuario (funciona para las cuentas *Premium* y *Sales*).

Publicidad: Anuncios (texto, imagen o video). Gracias a la segmentación en esta red se pueden dirigir mensajes específicos a los públicos que realmente son del interés de la empresa.

Patrocinios: La misma segmentación puede utilizarse para promocionar una historia, lo cual nos habilita para dar un mensaje a toda la red.

Marketing

Atracción masiva de audiencias: Los objetivos a los que puedes dirigir tu campaña son a posicionamiento, o contenido patrocinado, y conversión, principalmente, y las variables con las que puedes elegir a qué audiencia llegar son:[2]

- Ubicación (campo obligatorio): la ubicación geográfica se basa en la ubicación específica del miembro o en la ubicación de la dirección IP del público relevante en una región geográfica específica.
- Nombre de la empresa: empresa actual que figura en el perfil del miembro (inferida parcialmente).
- Sector de la empresa: el sector de la empresa donde trabaja el miembro.
- Tamaño de la empresa: tal y como figura en la página de empresa del empleador actual del miembro.
- Cargo: estandarizado del cargo introducido por el miembro.
- Función laboral: inferida del cargo introducido por el miembro.
- Antigüedad laboral: inferida del cargo introducido por el miembro.
- Aptitudes: aptitudes introducidas por el miembro en la sección "Aptitudes" y validaciones de su perfil, las aptitudes mencionadas en el texto de su perfil o las aptitudes inferidas basadas en las aptitudes enumeradas.
- Universidades: universidades introducidas por el miembro (inferidas parcialmente).

---

[2] Fuente: https://www.linkedin.com/help/linkedin/answer/722. Consultado el 22 de septiembre de 2016.

- Titulaciones: estandarizadas de los títulos introducidos por el miembro.
- Disciplinas académicas: estandarizadas de las titulaciones introducidas por el miembro.
- Grupos: grupos específicos de LinkedIn a los que se ha unido el miembro de tu público objetivo.
- Sexo: inferido en inglés del nombre del miembro.
- Edad: inferida del último año de graduación del miembro.
- Años de experiencia: inferidos de la experiencia introducida por el miembro.

Investigación de mercados: Dada la amplia base de datos que tiene LinkedIn es relativamente fácil dimensionar el tamaño de un mercado, pues con su herramienta de publicidad se puede obtener en instantes el número de personas por las segmentaciones citadas en el párrafo anterior, es decir, podemos saber cuántas personas con el cargo de director de compras están dentro del sector de *retail,* con esto podemos medir no sólo el número de tiendas de *retail* que tienen un departamento de Compras, sino que incluso obtendremos al momento el nombre de personas que podemos contactar.

En LinkedIn existen muchos grupos a los que nos podemos sumar y conversar, esas conversaciones bien pueden ayudarnos a conocer los intereses de cierto sector, un análisis profundo de estas conversaciones puede ayudarnos a definir los intereses de los mismos, en otras palabras, puede ser un *focus group* real del segmento al que servimos o queremos llegar.

Ventas

Para el departamento de Ventas de los negocios B2B, LinkedIn es una de las mejores opciones pues con las mismas segmentaciones mencionadas podemos buscar el nombre, cargo y la hoja de vida de los compradores a los que queremos llegar, lo mejor de la plataforma de ventas LinkedIn Sales Navigator es que se pueden generar búsquedas automáticas de *leads*, y la plataforma nos dará no sólo el nombre de la persona con el cargo, del sector al que queremos llegar, sino que incluso nos dará permiso de enviarle un correo electrónico directo, e iniciar una conversación que nos lleve a cerrar una venta.

Las funciones avanzadas permiten administrar todos nuestros *leads* para cierto producto y personalmente, o con nuestro grupo de ventas, programar un seguimiento, es decir, si encontramos a 1500 directores de Recursos Humanos de empresas con más de 500 empleados, entonces podríamos asignar 500 a cada uno de nuestros vendedores para que ellos contacten uno a uno vía correo electrónico, o que con el nombre puedan llamar a estas personas, aunado a esto podremos ver el historial de la persona con la que hablaremos, así como visitar la página de la empresa para realizar una pequeña investigación de la misma, con estos datos nuestros primeros contactos pueden ser muy acertados pues sabremos la historia de con quien hablaremos, así como la empresa en la que se encuentran.

Comunicación externa

De la misma forma que el departamento de Ventas puede acceder a cualquier tomador de decisión de una empresa, sea del departamento de Compras, Adquisiciones, o la Dirección general, los departamentos de Relaciones corporativas, Comunicación o Relaciones públicas tienen en sus manos la base de datos más actualizada del mundo en tiempo real; con el mensaje correcto pueden contactar a cualquier persona de un medio de comunicación, una asociación o de una empresa, e iniciar una conversación con ellos para cumplir con los fines de relación o difusión que desean.

Twitter

Aunque Twitter no es una red social, sino un *microblogging*, lo hemos incluido en esta sección por la gran similitud que tiene con ellas, principalmente en la penetración de audiencias.

Uno de sus fundadores, Jack Dorsey (@jackdorsey), comentó que la idea inicial fue que las personas compartieran en 140 caracteres lo que estaban haciendo. Tiempo después, la funcionalidad cambió para convertirse en una herramienta con la que se pudiera "crear y compartir ideas e información de forma instantánea, sin barreras (…) una conversación libre y global". Las palabras clave son: seguidores, conversación instantánea y libre.

A diferencia de las redes sociales, en Twitter los usuarios pueden comunicarse con cualquier persona, aunque existe la opción de tener un perfil privado en el que sólo las personas que apruebes pueden leerte, como en Facebook. Es una red abierta para todo público, y los más grandes comunicadores son los medios masivos, de ahí que los personajes públicos (cantantes, actores, políticos y medios de comunicación) sean los que mayor número de seguidores tienen.

Si Facebook es el foro líder para las amistades y LinkedIn para los negocios, Twitter es el líder de los medios y de la información, apoyado por elementos únicos de comunicación, como el uso de la arroba (@) antecediendo a los nombres, las etiquetas o *hashtags* que permiten agrupar por tema las conversaciones, los mensajes directos (DM), el concepto de "seguidores" en vez de "amigos", los tuits o retuits que replican los contenidos, que genera una promoción orgánica al volverse viral (esta última funcionalidad tiene el mismo objetivo de un "Compartir" en Facebook).

Dada su simplicidad y apertura, hay una gran cantidad de acciones que la complementan. Aquí mencionamos algunas de ellas, según la utilidad que tienen:

Búsqueda: Permite clasificar los tuits de acuerdo con un tema específico. La herramienta más usada es el buscador de Twitter.

Influencia: Para conocer el poder de comunicación de una persona se puede utilizar Klout, que otorga un puntaje con base en la suma de la influencia en diferentes redes.

Geografía: Monitorea la ubicación de un tuit. Lo más usado para la localización es el *Trendsmap*.

Social CRM: Muchas conversaciones pueden ser oportunidades de negocio y generadoras de futuras ventas, pues si la empresa monitorea constantemente a sus grupos o líderes de opinión, es capaz de detectar las necesidades de los consumidores. Existen herramientas, como CoTweet, que ayudan a las empresas a detectar este tipo de tuits con la finalidad de incorporar a los usuarios a su CRM como un *lead*.

Investigación y análisis: Para aminorar lo complicado que resulta el monitoreo, existen herramientas sofisticadas que agrupan la información e interpretan el alcance real de las publicaciones en Twitter, quiénes son los seguidores más importantes y qué palabra se asocia con determinada cuenta.

Dashboard: Ayudan en el manejo de una o varias cuentas de Twitter desde una sola plataforma, como Tweetdeck (exclusiva de Twitter), Hootsuite o Sproutsocial, para la gestión de ecosistemas digitales.

Listas: Permiten segmentar a varios usuarios de acuerdo con un tema común.

Lo grandioso de Twitter es que podemos compartir información de cualquier tamaño, más allá de 140 caracteres, a través de compartir links, y que estos lleguen al usuario de forma inmediata. Pero también hay que tomar en cuenta que por ser una comunicación en tiempo real, el periodo de vida de un tuit se reduce a 20 minutos, por lo que la publicación debe ser constante y ordenada, una vez que se han detectado los públicos a los que queremos dirigirnos. Algunos de los usos que podemos dar a esta red son los siguientes:[3]

Marketing
Atracción masiva: Las opciones publicitarias de Twitter tienen principalmente los objetivos de visitas y conversiones al sitio web, construir una audiencia a través del aceleramiento de seguidores, conseguir interacciones como retuits, "me gusta" y menciones, promoción, descarga de aplicaciones móviles y promoción de tuits.

Las segmentaciones a las que se puede acceder son las siguientes:

- Por idioma
  ◊ Dirígete a personas que entienden un idioma en particular.
- Por género
  ◊ Dirige tu mensaje a hombres o mujeres.
- Por intereses
  ◊ Muestra tu campaña a usuarios con aquellos intereses que más se alineen con tu negocio.
- Por seguidores
  ◊ Segmenta a los seguidores de cuentas relevantes para llegar a personas que probablemente estén interesadas en tu contenido.
- Por dispositivo

---

[3] Fuente: https://business.twitter.com/es/targeting.html. Consultado el 22 de septiembre de 2016.

◊ Segmenta a los usuarios con base al dispositivo específico que usen para acceder a Twitter.

- Por comportamiento
  ◊ Alcanza audiencias con intenciones claras en Twitter con base en patrones de compra y gasto.
- Por audiencias personalizadas
  ◊ Las audiencias personalizadas usan tus propias listas de CRM para llegar a grupos específicos en Twitter.
- Por palabras clave
  ◊ Actúa con base en señales de intención enviando mensajes en el momento apropiado a usuarios que hayan enviado un tuit o hayan interactuado con un tuit recientemente.
- Geográfica
  ◊ Conéctate con una audiencia global o limita el alcance de tu campaña a un país, región o incluso ciudad específica.

Investigación de mercados: La particularidad de Twitter, como medio de comunicación, es que los grupos no están necesariamente formados por personas que se hayan conocido previamente. Normalmente seguimos a los usuarios que estamos interesados en escuchar y que en muchos casos sólo "conocemos" por la red y el contenido que publican.

Para llevar a cabo una estrategia de marketing en Twitter también se requiere una investigación de audiencias, comunidades, líderes de opinión, temáticas, etcétera.

El uso más común que le puede dar el departamento de Marketing a esta plataforma es la creación de un canal de conversación informal con sus audiencias que fomente la cercanía. Para eso, la empresa deberá asumir el rol de persona, con el objetivo de transmitir en otro lenguaje los mensajes que desea dar a conocer, sin olvidar que la labor fundamental será la de abrir este foro para el público, que es la razón de ser de la empresa.

Por otra parte, la interacción instantánea con el púbico es la principal virtud de esta plataforma, por lo que a diferencia de otras redes requiere de una vigilancia constante, pues las conversaciones nunca paran, son públicas y abiertas.

Ventas

En el caso de los vendedores de productos complejos o de ventas B2B, esta herramienta permite profundizar sobre los gustos, personalidad y opiniones de los clientes, de la competencia y de los líderes en tiempo real.

Comunicación externa y relaciones públicas

Monitoreo: Una labor importante y al mismo tiempo difícil, por la cantidad de información que hay que procesar, es la del monitoreo, ya que por medio de ésta se da seguimiento a las conversaciones que sostienen las comunidades y los líderes de opinión seleccionadas por la empresa. La dificultad radica en saber leer e interpretar lo que el público quiere o necesita, antes de iniciar cualquier tipo de acercamiento.

Interacción: Desde el punto de vista de Dale Carnegie, escritor norteamericano enfocado en temas de influencia y relaciones públicas, para lograr un acercamiento efectivo con el público, nada mejor que hacerlos hablar de ellos mismos, de sus intereses, preocupaciones y alegrías, mientras la empresa escucha e intercambia ideas para ganarse su confianza y llevar la relación a otro nivel.

Iniciar una conversación: Tras conocer a los interlocutores viene el momento de hablar. Lo importante será tener argumentos atractivos para mostrar en 140 caracteres, que puedan ser complementados con enlaces a otros contenidos más extensos.

Atención al cliente
Los usuarios esperan que las empresas estén conectadas, por lo que es importante contar con un equipo de colaboradores encargado de la administración de estas redes, con el objetivo de darle celeridad al tiempo de respuesta y canalización. Un ejemplo es Best Buy que da servicio al cliente a través de su iniciativa TwelpForce.[4]

Comunicación externa
Comunicación externa y relaciones públicas son áreas que deben realizar monitoreos constantes de las redes para detectar a tiempo cualquier mención o comentario que requiera de una respuesta inmediata, en el tono adecuado y dirigido a la persona correcta. Además de que este monitoreo proporciona un *overview* (visión general) de lo que sucede dentro de las comunidades digitales.

Con respecto a la elaboración y publicación de contenidos, hay que evitar hablar sólo de la empresa y mostrar interés en los temas que sean empáticos con la audiencia. Nuevamente, destaca el saber escuchar.

En este capítulo hemos presentado apenas un bosquejo de las redes sociales más usadas. El ecosistema digital crece día a día, así que sería muy extenso intentar incluir todo, sin embargo, si se dominan las plataformas citadas, será muy fácil dominar las nuevas.

---

[4] Fuente: https://www.youtube.com/watch?v=ZdpQOjpIpgk

8

Medios de presentación

A diferencia de los medios de conversación, en los medios de presentación la comunicación no es su principal función, aunque puede ser bidireccional. Por ejemplo, en YouTube, aunque bien se puede comentar acerca de los videos, las posibilidades son mucho más limitadas que en una red social. Lo mismo sucede en las plataformas de alojamiento de contenidos, como los CMS o blogs o en los *podcasts* (más adelante explicamos cada uno de ellos).

Hay quienes los llaman medios sociales, pues se parecen a un medio de comunicación (a diferencia de las redes sociales donde el principal ingrediente es el grupo, la red). Aquí la función principal es la presentación de un mensaje por parte del emisor. En términos de comercialización, los medios de presentación son la presentación por parte de la empresa o marca de cualquier información detallada acerca de su producto. Normalmente estos medios están conectados y se comparten en las redes sociales.

Con la experiencia de que la comunicación es la base de la comercialización, hemos expuesto algunos usos de cada plataforma para que los departamentos de Comunicación interna, Externa, Relaciones públicas, Ventas, Marketing y Atención al cliente se puedan sumar, desde su operación hasta la estrategia de comercialización de la empresa. Asimismo hemos hecho un cuadro con una breve descripción de su objetivo principal, de las funcionalidades básicas y secundarias, así como algunos nombres de plataformas. Es muy importante recordar que este mundo está en cambio, las plataformas cambian día a día y sus funcionalidades también, por ello seguramente tendrán mucho más funciones y día a día nacerán otras plataformas que competirán con estas mismas. Lo que queremos lograr con esta enumeración es hacer un breve recuento para los más tecnologizados, y para las personas no tan familiarizadas dar a conocer de forma básica todas las opciones más utilizadas.

Blogs o CMS

El primer medio social que generó la web fue un blog. Gracias a plataformas como WordPress y Blogger fue posible construir una página, en cuestión de minutos, en la que se podía escribir sobre cualquier tema. La mayor ventaja de estas plataformas es que son fáciles de usar y permiten publicar contenido en segundos. En nuestro tiempo los entornos son tan cambiantes que es impensable o poco práctico crear un sitio web que no sea dinámico y que no permita cambios, tanto en su diseño como en su contenido, de ahí que su nombre sea *Content Management Systems* (CMS).

Desde su inicio, WordPress ha sido reconocido por programadores y usuarios como el software mejor desarrollado para la gestión de contenidos, es por ello que más de 20% de los más de 10 millones de sitios que hay en el mundo han sido creados con él.

Content Management Systems (CMS)	
OBJETIVO	Gestionar (alojar y presentar) información.
FUNCIONALIDADES BÁSICAS	Publicar información en formato de texto.
FUNCIONALIDADES SECUNDARIAS	Publicación de videos, audio, citas, fotografías, mapas, etcétera.
MÉTRICAS	Visitas frecuentes, tiempo promedio por visita, publicaciones más visitadas, principales fuentes de acceso, navegadores usados, horarios, tipo de dispositivos.
EJEMPLOS	WordPress, Blogger, Tumblr, Joomla, Drupal.

A continuación anotamos algunas sugerencias de uso adecuadas a cada departamento.

Marketing
El uso más común de esta plataforma es la de compartir las novedades de las empresas, noticias, logros y productos. Hay organizaciones que dividen su información por tema, sucursales, departamentos de la compañía, etcétera, pues no desean mezclar el contenido en un solo dominio.

Ventas
En esta área los sitios poseen información referente a los productos, formas de pago, ofertas y promociones, es decir, lo relacionado con la compra. Además, deben ser sitios en los que los clientes puedan solucionar las dudas de forma *online* para darle un mejor servicio y no irse con la competencia, asimismo se pueden instalar componentes que lo convierten en un *e-commerce*.

Comunicación externa y Relaciones públicas
Los comunicados, fotos, conferencias, movimientos, actualizaciones, desplegados, investigaciones, noticias, en fin, todo lo que hacen estos departamentos debe estar alojado en un solo lugar para consulta de los *stakeholder* (periodistas, inversionistas o clientes). Su manejo ha de ser sencillo y debe contener un histórico, lo que además de ahorrarle trabajo al departamento le permitirá una mayor exposición y transparencia.

Algunas empresas también invitan a sus colaboradores a participar por medio de blogs, ya sea con publicaciones de casos de éxito o investigaciones sobre su campo de especialidad, con la intención de favorecer la imagen de liderazgo de la compañía.

Comunicación interna
Al interior de la empresa, mantener a los empleados informados es una actividad imprescindible para el logro de los objetivos generales y particulares de los diferentes departamentos, por lo que generalmente esta área hace uso de plataformas que le permitan mantener la comunicación con y entre sus colaboradores, tanto de forma horizontal como vertical. La empresa debe estar capacitada para propiciar el diálogo y la participación de sus miembros.

Atención al cliente
La creación de comunidades digitales ha sido de gran ayuda para las organizaciones que están conscientes de que su labor no es exclusivamente la venta de sus servicios o productos, sino la de estar siempre presentes para el cliente: antes, durante y después de la compra. Esto ahorra tiempo y dinero, además favorece la información que se le hace llegar a los diferentes públicos que buscan soluciones a sus problemas.

Wikis

Las wikis son similares a los gestores de contenidos, con la diferencia de que en vez de un solo administrador pueden existir varias personas que, de manera interactiva, editan y modifican los contenidos de un sitio web. Esta herramienta de colaboración es el principio de los medios sociales, pues son creados, curados y cuidados por y para la comunidad.

FUNCIONALIDADES BÁSICAS	Publicar y editar información.
FUNCIONALIDADES SECUNDARIAS	La plataforma es tan flexible que pueden hacerse desde pequeños sitios de consejos, hasta enciclopedias gigantes editadas en tiempo real como Wikipedia.
MÉTRICAS	Visitas frecuentes, tiempo promedio de la visita, número de artículos creados, número de editores, publicaciones más visitadas, principales fuentes de acceso, navegadores, tipo de dispositivos, horarios, etcétera.
EJEMPLOS	MediaWiki, TikiWiki y DocuWiki.

A continuación anotamos algunas sugerencias de uso adecuadas a cada departamento.

Marketing

En el caso de productos complejos es indispensable hacer una estrategia de contenidos por tema o sector, lo que permitirá que las personas se vayan agrupando por intereses y conocimientos. La ventaja de las wikis es que se construyen, optimizan y actualizan por la comunidad.

Ventas

Contar con wikis especializadas en cada sector puede ser un punto de referencia para cualquier comprador, asimismo crear un sitio colaborativo con el personal de Ventas en el que se hable de un producto o servicio puede ayudar a cada vendedor a incrementar sus conocimientos acerca de éstos, así como resolver de forma instantánea sus dudas. En caso de ser un sitio público, esta información también puede servirle a los clientes o prospectos.

Comunicación externa y Relaciones públicas
Generar una wiki es también un buen recurso para mantener a los medios de comunicación informados acerca de las novedades de la empresa.

Comunicación interna, Recursos humanos y Atención al cliente
Como hemos visto, las wikis son eficaces medios para mantener a las audiencias informadas, tanto hacia el exterior como al interior de las empresas, y son un medio de integración al fomentar la participación creativa de los colaboradores en su mantenimiento.

Audio
Existen dos formatos para almacenar audio en la web: *cloud* u *on demand,* y *streaming* o en vivo, cuyos objetivos de consumo son muy distintos.

Streaming o en vivo son las transmisiones en vivo, han sido usadas por los medios de comunicación desde hace varios años, sólo que ahora migraron de ser transmitidas por ondas a la web.

Storage, cloud u *on demand*: Se trata de un archivo que se sube a un reproductor y el receptor decide lo que quiere ver en el día y a la hora de su preferencia.

Podcast
Este tipo de plataforma permite alojar y reproducir archivos de audio en la web para ser escuchados en el momento en el que el

receptor lo desee. En el inicio de los medios sociales, los *podcasts* tuvieron un gran auge; sin embargo, al igual que sucedió con la radio y la televisión, el video sobrepasó a este formato por ser más atractivo al impactar otro sentido: el de la vista. Aunado a esto, la posibilidad de poder escuchar música en línea ha reducido el gusto del público por los *podcasts*. No obstante, su ventaja más importante es que son fáciles de almacenar, compartir y editar, incluso desde un teléfono móvil.

Audio	
FUNCIONALIDADES BÁSICAS	Alojamiento y reproducción de audio en cualquier dispositivo.
FUNCIONALIDADES SECUNDARIAS	Carga de archivos multimedia.
MÉTRICAS	Número de reproducciones, duración de la reproducción, momento de abandono, dispositivos de reproducción y fuentes de acceso.
EJEMPLOS	SoundCloud y MixCloud.

A continuación anotamos algunas sugerencias de uso adecuadas a cada departamento.

Marketing
Dependiendo del público meta, las empresas pueden publicar contenidos en audio, como colecciones musicales o programas de radio, manuales, información del sector, etcétera.

Ventas
La presentación de cualquier producto puede utilizar un formato de audio, cuyo contenido esté dirigido a describir sus características y bondades. Los vendedores lo pueden usar para entrevistas de los clientes, directivos, eventos de la marca, etcétera.

Comunicación externa y Relaciones públicas
Los discursos, conferencias y presentaciones de los directivos pueden ser alojados en estos medios, editados y compartidos con los periodistas de forma que puedan crear una nota con inserciones de audio.

Comunicación interna
Las reuniones internas pueden ser alojadas en algún canal de audio para que los colaboradores tengan la misma versión de lo que se dijo y consultarla cuantas veces se quiera.

Atención al cliente
Su uso más común es medir el servicio de nuestros empleados con respecto a las solicitudes de los clientes. Lo más frecuente es grabar las llamadas, advirtiendo a los usuarios de este hecho: "Esta llamada puede ser grabada para efectos de calidad en el servicio".

Radio *stream*
Los eventos especiales se pueden transmitir en vivo a un gran número de personas. Su formato narrativo, distinto al *podcast*, se distingue por su frescura, calidez e instantaneidad. Además, al transmitirse por la red permite una inusitada interacción con la audiencia y dispone de la facilidad de poder transmitir con cualquier dispositivo móvil desde cualquier punto del planeta. Y el usuario tiene la posibilidad de recibir emisiones también desde cualquier parte.

Radio *online*	
FUNCIONALIDADES BÁSICAS	Compartir audio en vivo.
FUNCIONALIDADES SECUNDARIAS	Compartir video, texto e imágenes.
MÉTRICAS	Número de usuarios conectados al evento, tiempo promedio de estancia, entradas y salidas masivas, dispositivos de reproducción y fuentes de acceso.
EJEMPLOS	Mixlr, Tuneln y Awdio.

Marketing

Al igual que el *podcast*, la radio *online* sirve para conectar con las audiencias de forma muy atractiva. Por ejemplo, cualquier representante de la marca puede asistir a los eventos que interesan a la audiencia (conciertos, conferencias, presentaciones, entre otras), transmitir en vivo a través de la radio *online* y compartirlo vía redes sociales.

Ventas

Cualquier tienda *online* puede procurar visitas especiales en las que ofrezca descuentos en la compra, promocionar productos o hacer subastas en tiempo real.

Comunicación externa y Relaciones públicas

Dependiendo de la categoría del evento se decidirá si la transmisión debe ser abierta o cerrada. Además, permite entregar material grabado a los medios para mayor difusión a la empresa.

Comunicación interna

Los eventos importantes de la compañía pueden ser transmitidos por esta vía a un costo muy bajo.

Atención al cliente

Si una empresa desea hacer un comunicado masivo a sus clientes puede realizar una transmisión en vivo y después subirla como *podcast* a manera de archivo.

Música (*on demand*)

La industria de la música vive un renacimiento y un cambio sustancial en su comercialización, distribución y consumo, gracias a las herramientas de *music streaming*. Asimismo, nada en la web había logrado dar un golpe tan grande a la piratería como estas plataformas, pues ahora es posible escuchar de forma legal la música de nuestra preferencia, al tiempo que se realiza una aportación económica a los autores por una canción o por el disco completo, lo que también refleja la personalización de los medios, ya que los usuarios son capaces de elegir qué contenido comprar.

Música	
FUNCIONALIDADES BÁSICAS	Reproducción de música, seguimiento de estaciones y grupos de cualquier parte del mundo.
MÉTRICAS	Tiempo de uso, número de usuarios, preferencias de consumo y localización.
EJEMPLOS	Spotify, Deezer, Stereomood, Pandora.

A continuación anotamos algunas sugerencias de uso.

Marketing y Ventas

Es posible crear anuncios (audio, *banners* o videos) para determinados grupos de usuarios, que se forman con base en sus preferencias musicales. Algunas de estas plataformas ofrecen la descarga de música gratuita a cambio del consumo de publicidad, incluso, existen marcas asociadas a grupos, artistas o tendencias musicales.

Comunicación externa y Relaciones públicas
Los líderes de las empresas pueden crear listas de alguna tendencia musical en particular para compartirlas con personas, dentro y fuera de la compañía, con el objetivo de estrechar vínculos a través de la red.

Comunicación interna y Recursos humanos
Las personas pueden conectarse dentro de la empresa por el tipo de música que escuchan y compartir *playlists*.

Fotos (desde móviles)
El desarrollo tecnológico de la óptica para telefonía móvil ha convertido a las fotografías en una herramienta de presentación a nivel social, además de otros usos que le hemos dado en nuestra vida cotidiana: recordatorios, memoria, escáner, que podemos compartir de manera inmediata.

De igual forma dado que estábamos acostumbrados al exceso de información, las infografías ocupan un espacio cada vez más importante en la web, pues este formato nos permite que en un espacio pequeño, y con tan sólo un vistazo, los consumidores entiendan conceptos profundos, procedimientos complicados, datos duros interesantes, mapas, gráficas, análisis, etcétera. Estas plataformas pueden ser usadas por cualquier persona sin conocimientos de diseño, y aún más novedoso es que ya se están empezando a generar videos a partir de infografías.

Foto (desde móviles)	
FUNCIONALIDADES BÁSICAS	Alojar, buscar y compartir fotografías, imágenes e infografías.
FUNCIONALIDADES SECUNDARIAS	Filtros para mejorar las fotografías, compartir con usuarios, seguir usuarios y sumarse a colecciones.
MÉTRICAS	Número de "Me gusta", número de vistas y descargas, fuentes de tráfico, número de veces que la foto es compartida.
EJEMPLOS	Flickr, Instagram, Imgur.

Marketing

Uno de los aspectos más atractivos de la publicidad es el diseño. La imagen es lo que vende, por eso es muy importante cuidar, detalle a detalle, la producción de este tipo de contenidos, pues es la imagen de la empresa lo que la gente ve de nosotros. La mayoría de los materiales gráficos que se generan para una campaña deberían estar en plataformas digitales, ya que posibilitaría que las personas que colaboran en la cadena de comercialización puedan compartirlos para la promoción de productos y servicios.

Además de las fotografías y diseños, estas redes son de gran utilidad para compartir infografías, pues los datos son parte esencial de la oferta de valor de muchos productos o servicios, por lo que representar de forma gráfica lo que los consumidores ganan, pierden, ahorran o economizan puede ser el factor de decisión de una compra. Lo mismo sucede con los procesos, ya que a veces es difícil entender la serie de acciones que se necesitan para tener el producto final. Las infografías son más fáciles de compartir que los textos y las imágenes por separado, así que la integración de ambos adquiere un nuevo valor para la comprensión de los mensajes.

Ventas

Los materiales promocionales de una campaña bien pueden ser compartidos con los vendedores o distribuidores para los fines que a ellos convenga: imprimirse para crear álbumes, stands, catálogos, mostrarlos desde dispositivos móviles, etcétera.

Las fotografías expuestas por los usuarios dentro de la red nos dicen mucho acerca de su personalidad, gustos e intereses. Éstas pueden ser el pretexto para iniciar el contacto y continuar la relación hasta un cierre de venta.

Comunicación externa y Relaciones públicas

Con un celular es posible que cualquier persona del equipo de Comunicación o Recursos Humanos haga una pequeña cobertura del evento, que puede compartir en segundos con sus grupos de interés o dentro de sus redes sociales, de los cuales obtendrá retroalimentación fiable.

Los eventos de la compañía documentados con fotografía pueden ser compartidos en esta red a periodistas, invitados a los eventos, en publicaciones digitales de la compañía, etcétera.

Asimismo a través de infografías las empresas pueden compartir datos, ganancias, pérdidas, utilidades, comparativas, históricos y procesos, por lo que difícilmente serán entendidos y compartidos si estos datos no se transforman en un contenido atractivo.

Atención al cliente

Las fotos en alta resolución pueden ser usadas en catálogos, manuales y recomendaciones de uso, entre otros documentos que muestren gráficamente los productos o su procedimiento de armado.

Los procesos y manuales de cualquier producto o servicio serán mucho más entendibles para los usuarios si se realizan de forma infográfica.

Los clientes pueden compartir con esta área los desperfectos de los productos, en caso de que los haya, o cómo es que los mismos han cambiado su vida.

Presentaciones

El formato de las presentaciones fue uno de los primeros que fusionó textos con imágenes, con la idea de sintetizar grandes cantidades de contenido. Pueden incluir audio y video. Estas plataformas son una colección de sabiduría, trabajo y conocimiento, basada en la colaboración, como todo en la web.

Presentaciones	
FUNCIONALIDADES BÁSICAS	Alojar y compartir grandes cantidades de contenido de forma sintética.
FUNCIONALIDADES SECUNDARIAS	Inserción de video y audio, presentaciones restringidas para consulta.
MÉTRICAS	Número de "Me gusta", recomendaciones, número de vistas y descargas, fuentes de tráfico, número de veces que la presentación es compartida.
EJEMPLOS	Slideshare, Prezzi.

Marketing y ventas

En la mayoría de los casos, la venta de un servicio se hace a través de una presentación. La plataforma permite compartir este formato a nuestros contactos y etiquetarla con palabras clave para facilitar su búsqueda. Está enfocada a los negocios y venta b2b, por lo que se sugiere para presentaciones corporativas.

Comunicación externa y Relaciones públicas
Gran parte de las conferencias se realizan con el apoyo de una presentación. Los asistentes suelen tomar notas, por lo que una buena práctica es compartir la presentación después por correo electrónico, para que tengan la información completa.

Comunicación interna
Internamente se puede compartir con los colaboradores, con el objetivo de que aporten nuevas ideas.

Atención al cliente
La metodología, historia, usos y problemas comunes son susceptibles de ser compartidos por medio de este formato. Es un buen medio de comunicación con el cliente para explicar el instructivo de uso, dar respuesta a las preguntas más frecuentes, etcétera, de una forma más atractiva.

Video

Desde su aparición ha sido una gran amenaza para los demás formatos, pues incluye muchos de ellos. Aunado a esto, cada día es más fácil crear y compartir videos desde cualquier dispositivo (*desktop, laptop, tablet* o *smartphone*) con alta calidad. Gracias a la facilidad de grabar, alojar, transmitir y reproducir videos se desarrollaron los llamados videoblogs, videollamadas y transmisiones en vivo.

Videoblog

Las plataformas de video permiten que cualquier persona, marca o empresa cree su propio canal de video, para transmitir de forma periódica mensajes a sus audiencias.

Videoblog	
FUNCIONALIDADES BÁSICAS	Alojar, almacenar, reproducir y etiquetar contenidos en video.
FUNCIONALIDADES SECUNDARIAS	Personalización de canales y fondos, privacidad y cobro de reproducción, y descarga de contenido.
MÉTRICAS	Número de "Me gusta", número de vistas y descargas, fuentes de tráfico, número de veces que el video es compartido, localización, tiempo de reproducción, comentarios y aceptación en redes.
EJEMPLOS	YouTube, Vimeo y Wistia.

Ventas y Marketing

Las opciones para estos departamentos son ilimitadas. Aquí, algunos ejemplos: tutoriales, datos curiosos, documentales, crónicas, entrevistas, entre otros.

Comunicación externa y Relaciones públicas

Cualquier conferencia, ponencia o presentación es susceptible de ser grabada y alojada en la web para su posterior consulta; sin embargo, es preferible editar lo más importante y hacerla llegar a la persona indicada.

Comunicación interna, Operación y atención al cliente

Los videos pueden ser usados para explicar, enseñar o demostrar cualquier proceso dentro de una empresa o al cliente. Es factible producir estos videos con poco presupuesto, siempre y cuando el manejo de las cámaras y el contenido sean de calidad, es decir, contar con un buen guión y realizar una buena edición.

Recursos humanos
Por lo regular se producen videos corporativos con experiencias de los empleados y cápsulas de corte histórico, en los que se muestra la evolución de la empresa.

Transmisión en vivo o *livecasting*
Aunque es una herramienta poco utilizada, tiene un gran potencial, pues es posible compartir contenidos en el momento en el que se generan, con las audiencias a las que queremos impactar. El éxito de una transmisión en vivo radica en la promoción que se realice de ésta, así como en dar posibilidades de ser consultada posteriormente desde algún canal de video. La limitante es la capacidad de banda ancha para que el video se reproduzca adecuadamente.

Transmisión en vivo	
FUNCIONALIDADES BÁSICAS	Transmitir eventos en vivo.
FUNCIONALIDADES SECUNDARIAS	Chats, redes sociales, colecta de fondos, alojamiento en canales de video, retroalimentación en video.
MÉTRICAS	Número de "Me gusta", número de vistas y descargas, fuentes de tráfico, número de veces que el video es compartido, localización, tiempo de reproducción, comentarios y aceptación en redes.
EJEMPLOS	Ustream, Livestream, Facebook Live.

Marketing
Cualquier concurso, evento o activación puede ser transmitido *online* y después compartido vía redes sociales. El impacto puede

ser local o global si se hace la convocatoria adecuada, por lo que se pueden incluir diversas sedes para la transmisión del evento y rentar salas para su distribución masiva.

Ventas
Se pueden realizar subastas en línea, presentaciones de productos, negociaciones, recolección de fondos y eventos comerciales.

Comunicación externa y Relaciones públicas
Esta herramienta puede impulsar la promoción de un aviso, evento o presentación, pues al convocar a las personas indicadas (periodistas, *stakeholders* o *blogueros)*, éstas podrán ahorrar tiempo, dinero y esfuerzo al no tener que desplazarse hacia el lugar de la conferencia.

Comunicación interna y Recursos humanos
Para el caso de eventos nacionales o internacionales, avisos, presentaciones o capacitaciones, estas plataformas ahorrarán tiempo, dinero y esfuerzo.

Ebooks

El libro ha sido la herramienta de comunicación más utilizada a lo largo de la historia. Podemos decir que nuestros principales pensamientos, creencias e ideas están contenidas en algún libro, y en la web este formato sigue vigente, pero ganando popularidad en formato digital. Jeff Bezos, creador de Kindle, lo supo desde el inicio cuando el medio editorial entró en un momento de transformación sin precedentes.

Se habla mucho de la revolución del video *online*, sin embargo, su contenido suele ser más frívolo que el de los libros. El cambio más significativo para la humanidad estará intrínsecamente relacionado con la educación, y los *ebooks* serán protagonistas de dicho desarrollo. De igual forma, habrá un renacimiento de las revistas especializadas, siempre y cuando se adapten e integren al cambio.

Las métricas usadas en la web permitirán que los editores conozcan la aceptación de cada libro, por página, capítulo, párrafo, idea o palabra.

En la actualidad existen muchas plataformas para alojar *Portable Document Format* (PDF), así como otros formatos que pueden integrar audio, video y otras funcionalidades que facilitan la transmisión de conocimiento de forma más dinámica.

FUNCIONALIDADES BÁSICAS	Alojar y presentar contenido en texto e imagen.
FUNCIONALIDADES SECUNDARIAS	Presentar contenido en cualquier formato, métricas avanzadas por página, posibilidad de venta y compra de *ebooks*, software especializado para edición y publicación.
MÉTRICAS	Contenidos más vistos, tiempo de lectura por página, fuentes de tráfico para descarga, recomendaciones y comentarios, libros finalizados.
EJEMPLOS	Aplicaciones gratuitas: Uberflip, Issu, Scribd. Market Places: KindleStore, Nook, Ibook Store.

El contenido de un producto o empresa puede ser mostrado a través de un *ebook* o revista electrónica. La multiplicidad de formatos permite conjuntar en un solo lugar el contenido, sin importar el formato.

Todos los usos explicados anteriormente pueden ser incluidos dentro de este medio, es decir, los esfuerzos de cada departamento se pueden conjuntar en un solo producto de comunicación para su almacenamiento y consulta futura.

$\left(9\right)$

Medios de conversión

La conversión es el momento en que el cliente manifiesta estar interesado en nuestro producto, al grado que quiere comprarlo o hacer una cita para conseguir más información con la intención de comprarlo. Los medios más usados para lograr este objetivo son las *Landing Pages* o páginas de registro, los sitios web propios, los sitios de *e-commerce* o las tiendas *online, crowdfunding, showrooms* y eventos.

Landing pages o páginas de registro

Este tipo de medios son los más básicos, económicos y funcionales para vender en internet. Su finalidad es hacer que las personas entren en contacto con la empresa para conseguir sus datos de manera inmediata a cambio de recibir un descuento o un activo digital (*ebook* o video).

Su uso es esencial en cualquier momento del marketing, o de la venta. Si vemos, antes de entrar a cualquier red social debemos registrarnos; si queremos hacer una compra, también nos encontramos con este elemento, sólo que en vez de entrar, damos clic en "Pagar".

Las páginas de registro y su correcta optimización son esenciales para todo el ciclo comercial, pues son la base de cualquier transacción, sea de un nombre a cambio de un contenido, una compra, recibir más información, entre otros.

Páginas de registro	
FUNCIONALIDADES BÁSICAS	Formulario de registro.
FUNCIONALIDADES SECUNDARIAS	Integración de videos, infografías, imágenes, textos.
MÉTRICAS	Vistas, registros, tiempo de la visita, tiempo de reproducción, mapas de clicks.
EJEMPLOS	LeadPages, Unbounce, InstaPages.

Marketing

En cualquier etapa del marketing estas páginas son indispensables, pues convierten a cualquier visitante en un registro, en una etapa temprana en un seguidor más tarde en un contacto para el *newsletter*, o en un prospecto, hasta lograr convertirlo en un cliente.

Ventas

Estas páginas son ideales para iniciar un proceso de ventas. Si el usuario llega hasta nuestra página de registro es porque está interesado en la empresa. Las preguntas que se hagan en estas páginas pueden ser el primer filtro de calificación de los prospectos, preguntas como código postal nos permiten tener una idea del nivel socioeconómico, otras, como el tamaño de la empresa, nos permiten segmentar a la empresa según el tamaño.

Relaciones públicas

Por medio del formulario las personas pueden pedir información de la compañía. En el caso de Relaciones públicas con medios, éstas son el inicio de una interacción entre la compañía y el medio o periodista.

Comunicación externa

Las empresas deben estar abiertas al mundo a través de canales de comunicación, pero también es indispensable un lugar en el que las personas (accionistas, clientes y proveedores) puedan entrar en contacto con la compañía con una página de registro en la que cualquier persona pueda expresar sus dudas o quejas, por lo que lo importante será dar seguimiento a las solicitudes de información, canalizarlas al área adecuada y ser cuidadosos con las respuestas, para no afectar la imagen de la empresa.

Consejos

Lo más importante en una *lading page* es que los datos sean medibles y que no haya ninguna otra salida para el usuario, es decir, lo único que deberá hacer en esta etapa es darnos sus datos.

Tiendas *online*

Día a día, el comercio electrónico aumenta su penetración en los mercados internacionales, por lo que cada vez se suman más artículos de cualquier clase a los escaparates de la red.

Existen principalmente tres niveles de estas tiendas, a las primeras podemos llamarlas "software de *e-commerce*", son softwares para generar tiendas como Magento, Opencart y Oscommerce. Éstos requieren de la ayuda de un programador, de preferencia especializado para su diseño.

El segundo nivel son "tiendas *online*" programadas casi en su totalidad; para su configuración no hay que tener conocimientos de programación, sólo se necesita subir los productos, ordenarlos por categoría y poner los datos de pago como tarjetas y cuentas; como ejemplo de ellos tenemos Shopify y Prestashop, por citar las más conocidas.

Las "tiendas *online*" son una excelente herramienta para iniciar de forma fácil y sin tanta inversión un *e-commerce*, si este canal logra crecer de una forma significativa, puede evaluarse el invertir en la programación e instalación de un software de *e-commerce*.

El tercer nivel son los "marketplaces", éstos como su nombre lo indica son mercados donde muchas personas y empresas por igual pueden crear sus páginas y pueden comercializar sus productos, las más conocidas son MercadoLibre, Ebay, Amazon, AliBaba y Etsy.

Es muy importante antes de crear una tienda o dirigir una estrategia de marketing a estos *Marketplaces* ser conscientes de que cuando llevamos a nuestros prospectos a estas tiendas, los estamos llevando a un lugar donde no sólo estamos nosotros sino toda la competencia a nivel global, lo cual puede ser contraproducente si no se tiene un buen posicionamiento de marca, pues estarán a un clic de distancia de la competencia, por ello siempre será preferible —al inicio— llevarlos a nuestra propia tienda.

Tiendas *online*	
FUNCIONALIDADES BÁSICAS	Cierre de ventas. Lo importante es que sea fácil de comprar, medir y actualizar.
FUNCIONALIDADES SECUNDARIAS	Comparativa con otros productos y reseñas de los clientes.
MÉTRICAS	Compras, intentos de compra, momento de cierre, artículos más consultados, principales momentos de abandono, fuentes de atracción y registro.
EJEMPLOS	Softwares para *e-commerce*: Magento, Opencart, Oscommerce. Tiendas *online*: Shopify y Prestashop. Marketplace: MercadoLibre y Etsy.

Marketing
Estas plataformas no sólo sirven para vender, sino para medir las preferencias de nuestros clientes. También hay que recordar que las personas no compran muchas veces en el primer contacto, por lo cual es muy importante buscar conseguir sus datos para seguir en contacto.

Ventas
Además de la venta, se pueden obtener *leads* que compren en otro momento. Lo más relevante de este formato es que estará disponible diariamente, a cualquier hora.

Relaciones públicas
Las métricas de una tienda en línea pueden ser utilizadas para conocer la razón del interés de las personas hacia los productos, comprometer a los voceros o especialistas para ser contactados y adquirir posicionamiento.

Comunicación externa
Como herramienta de consulta de la compañía si se logran obtener los datos de la persona antes de que haga el registro.

Comunicación interna
En las grandes empresas las labores están segmentadas en pequeños procesos y a veces no todos los empleados saben lo que en realidad hace la compañía. Esta plataforma permite que el equipo interno conozca los productos, las presentaciones y los costos, entre otros aspectos.

Normalmente las peticiones de nuestros clientes derivan en la compra o el *upgrade* de otro producto, por medio de una tienda *online*. Asimismo, se puede solicitar a los usuarios que nos recomienden con sus contactos.

Consejos:

Tratar de no realizar desarrollos propios. Las plataformas recomendadas en el cuadro anterior cuentan con las funcionalidades necesarias y se actualizan con regularidad, lo que permite generar sitios dinámicos y con una inversión controlada.

Errores comunes:

Pensar que la tienda es resultado del área de Ventas. Otro error es empeñarse en hacer su propio desarrollo. La consecuencia es un alto costo e inversión y en el largo plazo seguir invirtiendo en las actualizaciones.

Showroom

Existen muchos productos que si bien no se venden en la web son consultados para obtener más detalles de éstos. Uno de los mejores ejemplos de los *showrooms* son los sitios de autos, en los que se puede ver el coche y sus interiores a 360 grados, consultar cada parte del motor y compararlo con otros de su categoría.

Es importante que este sitio ayude a la persona a tomar su decisión de compra a través de buscadores que faciliten la búsqueda hasta acercarlo al producto que más le conviene, así como mostrarle otras opciones.

A diferencia de las tiendas *online*, los *showrooms* son más una etapa del proceso de venta que un sitio de *e-commerce*.

Showrooms	
FUNCIONALIDADES BÁSICAS	Mostrar a detalle el producto con imágenes, infografías o videos, ayudar al cliente a tomar la mejor decisión, incluir opciones de compra en línea o una *landing page* para sacar una cita.
FUNCIONALIDADES SECUNDARIAS	Recomendaciones, comparativas e inducir la toma de decisión.
MÉTRICAS	Cierre de citas, navegación, tiempo de permanencia en la página, principales páginas de abandono, páginas con mayor tiempo de navegación o interacción, fuente de ingreso, gustos, hábitos de compra o necesidades de los clientes.
EJEMPLOS	Los softwares de *e-commerce* sirven como *showrooms* sustituyendo el carrito por una página de registro para hacer cita. Softwares para *e-commerce*: Magento, opencart, os commerce. Tienda *online*: Shopify y Pretashop. Marketplace: MercadoLibre y Etsy.

Marketing
Como estos sitios son una verdadera experiencia de compra para el cliente, el diseño debe ser cautivador para provocar mayor impacto, generar más recuerdo y posicionamiento.

Ventas
El sitio ha de ser una réplica de un vendedor *online* y debe ser usado por los vendedores para la promoción de los productos.

Relaciones públicas
Estos sitios son la cara hacia el cliente. Si está construido con suficiente detalle, cualquier periodista o líder de opinión que desee conocer el producto llegará a este sitio, y con la información, fotos

o videos podrá generar contenido. Además, con el *link* adecuado, sirven para dar rápida respuesta a cuestionamientos específicos.

Comunicación externa

Estos sitios permiten que cualquier visitante conozca el producto o las aplicaciones finales del mismo, de forma fácil y rápida. Es la cara o el mensaje externo en la web.

Comunicación interna

Al igual que en las tiendas *online*, estos sitios permiten a los departamentos vender al interior los productos finales, la cartera de productos, tanto para fines de integración e identidad como para ventas.

Atención al cliente

Un buen *showroom* deberá contener una sección de preguntas frecuentes. Tener una batería de respuestas visible ayudará a los departamentos a apoyar la venta o reducir el número de tickets que reciben.

Crowdfunding

La web permite a las empresas no sólo vender productos o servicios, sino ideas, proyectos y causas para sumarse como inversionista, en el caso de los proyectos de negocio, o como voluntario.

Crowdfunding	
FUNCIONALIDADES BÁSICAS	Su principal función es facilitar la recaudación y promoción de la causa o empresa por medio de PayPal o depósitos a cambio de convertirse en patrocinador, voluntario, socio o accionista.
FUNCIONALIDADES SECUNDARIAS	Normalmente permiten a los usuarios subir videos cortos, imágenes o textos, para explicar la campaña, producto o proyecto de forma atractiva. Son fáciles de compartir en redes sociales.
MÉTRICAS	La principal métrica es la meta financiera a la que se quiere llegar. La segunda será la recaudación que se ha cumplido. Las métricas secundarias tienen que ver con la entrega, alcance de la campaña, número de reproducciones, tiempo de reproducción del video, consumo de contenidos, fuente de entrada hacia la página y causas de salida.
EJEMPLOS	Kickstarter y Fondeadora.

Marketing

Esta plataforma es idónea para la promoción de campañas sociales, aunque también puede usarse para conseguir dinero para el desarrollo y promoción de un producto.

Ventas

En estas plataformas existen muchos casos en los que los productos se venden desde el diseño del prototipo, como, por ejemplo, con los *smartwatches* Pebble, cuyos creadores iniciaron una campaña por 100 mil dólares para su desarrollo vendiéndolo a través de casi 70 mil "preórdenes", con lo cual percibieron más de 10 millones de dólares.

Relaciones públicas

Se pueden crear proyectos con personalidades públicas o líderes de opinión, que logren un *exposure* importante y medible. Es un formato alternativo al medio tradicional y apto para aquellos con personalidad *online*. Igualmente, para la promoción de proyectos o incluso para revisar su efectividad.

Comunicación externa

Estos sitios permiten, con un bajo costo, contar con una plataforma para la promoción de un proyecto.

Comunicación interna

Hay plataformas que permiten que los empleados participen en estas campañas por medio de un descuento de nómina, convirtiéndolos en accionistas, o se puede hacer la campaña de colaboración mutua: si ellos ponen un peso, la compañía otro.

Eventos

Promocionar un evento antes, durante y después del mismo es un proceso complicado, pues se tiene que planear anticipadamente, hacer invitaciones, confirmar las asistencias, dar a conocer los pormenores (alojamiento, agenda, costo, mapa, etcétera), cobrar a cada persona y entregar los recibos correspondientes. Incluso algunos ofrecen aplicaciones que pueden ser brandeadas para el evento.

Eventos	
FUNCIONALIDADES BÁSICAS	Creación de una página del evento con imágenes, mapas y la posibilidad de registrarse y pagar en línea.
FUNCIONALIDADES SECUNDARIAS	Funciones de promoción, transmisión del evento en vivo, acceso remoto, aplicaciones de colaboración en línea, recaudación de fondos, participación y encuestas.
MÉTRICAS	Número de asistentes, intentos de registro, visitas a la página y origen de las visitas.
EJEMPLOS	Zvents, Plancast, Eventbrite, Acteva y CVent.

Marketing
Facilitar la promoción de cualquier evento, activación, entrega de premios o lanzamiento, ya sean *offline* u *online*.

Ventas
Los eventos son un buen foro para generar nuevos negocios y deben ser aprovechados por los vendedores para captar candidatos. De igual forma, estas plataformas pueden ayudar en la promoción de convenciones o congresos.

Comunicación externa y Relaciones públicas
Las conferencias de prensa, comunicados y lanzamientos esperan ser vistos *online* por los periodistas. Los traslados cada día consumen mayor tiempo y en muchos casos no es necesaria la asistencia física; además, es importante pensar que el evento puede quedarse para la posteridad y ser consultado por las personas en cualquier momento.

Comunicación externa

Para algunos eventos que desean tener promoción en varios países es común preguntar a los participantes si estarían dispuestos a transmitir el evento y a cuántas personas podrían llegar, de esta forma se centra la invitación en usuarios clave que se convertirán en representantes de la marca.

Comunicación interna

Invitar a los empleados o clientes también se puede hacer a través de estas plataformas (fiesta de fin de año, reunión global, etcétera).

Medios de atención al cliente

La gran meta de la comercialización digital es conectar con el cliente en todos los momentos, brindándole una experiencia única en todos esos puntos de contacto.

La mayoría de las empresas basadas en internet, como Google, Airbnb o Uber, primero nos invitan y después nos cobran, a ellos les interesa que conozcamos sus productos, que probemos sus servicios, que conozcamos el catálogo. Para eso es necesario investigar constantemente qué es lo que quiere el cliente, lo cual sólo averiguaremos al intentar brindarle nuestro servicio.

Las herramientas de atención al cliente deben replicar los aspectos fundamentales de nuestra operación. Para lograr esto debemos investigar cuáles son las principales inquietudes de nuestros clientes y precargar las respuestas, de modo que ellos puedan encontrar de forma fácil las respuestas a sus preguntas.

Los medios citados nos pueden servir para lograr esta meta. Si deseamos presentar el uso de nuestros productos, podemos hacerlo a través de *videoblogs*, *ebooks*, infografías, etcétera. Si queremos comunicarnos uno a uno, podemos hacerlo en redes sociales. Las empresas con mayor adopción digital monitorean en todo momento la red y atienden a sus clientes en sus redes sociales, es decir, ponemos una queja en Twitter y la compañía nos contacta para atendernos.

La atención al consumidor es una parte fundamental de la comercialización. Invertimos muchos recursos en atraer a un cliente. Una vez que logramos que compre, pruebe nuestros servicios o nos dé sus datos, debemos atenderlo. El verdadero cierre ocurre en cada una de las atenciones que tenemos con él, cada vez que usa nuestro servicio o producto y encuentra satisfacción a sus necesidades. En caso de que esto no suceda, el cliente se alejará y se terminará yendo con quien sí satisfaga sus intereses. Es por eso que la atención al cliente debe ser vista como parte integral o esencial del esquema de comercialización.

Es mucho más fácil y menos caro venderle algo diferente (*cross-selling*) a un cliente actual que a uno nuevo, sobre todo en un horizonte cambiante. Lo más valioso no es la venta sino la relación, aquí es donde las empresas garantizan su supervivencia, con la entrega continuada de valor, y para eso no hay mejor forma que investigar las necesidades del cliente de forma práctica: atendiéndolo muy bien.

El crear portales de atención digital nos permite desarrollar soluciones macro, pues cada que respondemos a una pregunta, esta respuesta queda disponible para todos los clientes.

Atención en línea
En la medida de lo posible debemos monitorear cada vez que nuestro cliente nos llama a través de cualquier medio, ya sea por Facebook, recomendación en Twitter, en un blog o en nuestra página a través de un chat. Es nuestra misión estar disponibles para el cliente cuando lo desea, pues si no lo atendemos, alguien más lo hará y nuestra falta de atención puede ser malinterpretada por cientos, miles de personas, e incluso convertirse en una noticia con réplicas incluidas, que afectarán la reputación de la marca.

Tickets

Son una orden de trabajo, una solicitud de atención. El cliente pide atención y se debe abrir un caso para él. Normalmente, la atención es un simple llamado que debe tener seguimiento a través de un ticket, con éste se abre un caso de negocio y no se debe cerrar hasta que las dos partes hayan llegado a un acuerdo satisfactorio, de preferencia favorable para el cliente. Recordemos que el cliente tiene ahora el control.

E-learning

Cada día los productos son mejor diseñados y más fáciles de usar, al grado que no requieren instructivos. La prueba son las computadoras y los servicios operativos. Los mejores son tan simples que no requieren manual; sin embargo, siempre deben existir instructivos o videos interactivos sobre cómo utilizarlos, y los diferentes usos que los clientes nos dan. Hoy día casi es obsoleto imprimir un manual de instrucciones de operación. Hoy lo ordinario es que la empresa dirija al usuario a una página web, a un PDF o a un video, en sustitución del manual, y ahí responda sus dudas, pero normalmente espera que el diseño de la interfaz sea tan bueno que el usuario no necesite leer instrucciones, como con los celulares, páginas web, programas.

Preguntas frecuentes

Debemos tener a la mano las respuestas a las preguntas frecuentes para que los clientes resuelvan sus dudas. Sistematizar esto ahorra miles de horas de atención al cliente.

Éstas son las funcionalidades básicas de los esquemas de atención al cliente, de la creación y entrega continuada de valor, pues en la navegación de la página podemos ver cuáles son las quejas más frecuentes, aquello que nuestros clientes reclaman o prefieren de nuestro producto, y en un nivel más alto podemos llegar a la gran meta: la creación de una red social de atención a clientes y la compañía.

En la atención al cliente se presenta la gran oportunidad de la cocreación de valor. Esto es, contar con la participación del usuario final para mejorar el producto o servicio a través de la atenta escucha de sus necesidades y recomendaciones de mejora.

Imaginemos que las personas que crean el servicio están en contacto con sus clientes, al tiempo que implementan mejoras a los productos; con ello crean valor junto a ellos en todo momento. Un cliente puede pedir una adecuación a un producto y partiendo de ahí podemos ir mejorando, día a día, nuestros productos y servicios. Recordemos que la tendencia es que todo sea una experiencia única, ya sea a través de un servicio o de un producto, ya que ambos, poco a poco, van perdiendo su diferenciación y se transforman —si no estamos atentos— en *commodities*.

Integración comercial: la era del CRM

Al recapitular la estrategia de comunicación de valor observamos que primero atraemos a miles o millones de clientes a través de medios de atracción masiva, les hablamos utilizando los medios de conversación y les presentamos nuestros productos a través de medios de presentación en texto, audio o video, ya sea en medios sociales o en nuestra página, con la intención de que nos den sus datos y se conviertan en nuestros prospectos o clientes y podamos atenderlos en línea. Como vemos, son muchas partes y plataformas distintas que deberían converger en una sola plataforma, en un *custom relationship managment*.

En esencia, lo que hacen estos servicios es administrar los contactos que tenemos de un cliente en un solo lugar. Se puede iniciar con la suscripción a nuestra red social, lo cual se llama "social CRM". Lo ideal es tratar a cada cliente de forma casi personal y esto se puede lograr con la automatización de todas las etapas, como lo hace Amazon.

El punto clave es abrir un caso de cliente desde el inicio, lo que nos permite llevar una bitácora de sus actividades a nivel personal. A veces esto ocurre antes de que nos proporcione sus datos, basta con que navegue en alguno de nuestros activos digitales para asignarle un número de prospecto, después nos seguirá en la red y podremos importar gran parte de sus datos y cargarlos en el CRM.

La sabiduría de la empresa no está en tener la información sino en el uso que se hace de ella. Los CRM ayudan a administrar miles de datos de millones de clientes, y crean reglas de negocio para cada uno. Así es como Amazon conoce nuestros gustos al comprar, Netflix el de nuestras series y películas, y Spotify el de la música.

Creación de ecosistemas digitales

Los medios medios revisados en los capítulos anteriores son algunos de los más usados, la lista de todos sería inagotable, y faltarían aquellas que están en diseño, la función de este libro es introducir a los directores en este entorno digital.

Esta clasificación la hemos basado en la función principal de estas herramientas dentro del proceso de comercialización. Así, dependiendo de nuestras necesidades, buscaremos dentro de estas herramientas las que mejor se acomoden a la estrategia, los usos y costumbres de la empresa.

Para empezar, podemos examinar la actividad de cada uno de nuestros departamentos y elegir los medios que conformarán nuestro ecosistema digital, el que, al igual que cualquier ecosistema, necesitará alimentación y cuidado por parte de los que lo habitan, lo cual nos remite al personaje número uno de la cadena de valor: el cliente objetivo, o *buyer persona*.

En la era digital y en el diseño de un ecosistema digital la gran sorpresa es que las personas de las empresas siguen siendo el recurso más valioso, sólo necesitamos ayudarlos a utilizar estas herramientas, pues para los medios de atracción masiva nuestros departamentos de Marketing y Administración cuentan con las habilidades necesarias para administrar presupuestos, ayudar a delimitar el *target* y optimizar las inversiones.

Los departamentos de Relaciones públicas y Comunicación externa tienen las mejores aptitudes para el manejo de relaciones humanas. Se encargan de mantener contacto con los clientes, tienen el carisma para sonreír y encontrar un tema de conversación con cualquier persona.

En este fértil campo los departamentos de ventas utilizarán los medios de conversación, presentación y conversión para lograr sus objetivos. Saben qué contenidos son mejores para los clientes, cuáles son sus principales preocupaciones, qué les gusta, en qué formatos y, generalmente, conocen más acerca de ellos que toda la empresa.

Por su parte, Atención al cliente usa estas plataformas para estar en contacto con el cliente y atenderlo de forma rápida y directa; además, crea nuevos productos o adapta los ya existentes, dependiendo de los hallazgos que tenga con los usuarios. De igual forma cuida la imagen pública, en caso de que algún cliente molesto exprese su enojo en la web, lo que podría dañar la imagen de la marca.

Entonces, el primer paso para crear un ecosistema digital será regresar a nuestro *buyer persona* e investigar, dentro de estos medios, cuáles son los que nuestro público objetivo utiliza y prefiere para comunicarse. Después elegiremos en qué medios vamos a estar y cuáles serán los principales objetivos en cada uno de ellos, lo cual estará íntimamente relacionado con la estructura de la empresa y su visión a futuro.

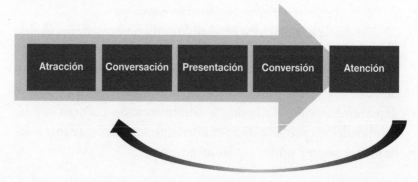

Las empresas que pueden o quieren funcionar completamente *online* tienen métricas muy fidedignas de cada una de sus inversiones, pues al funcionar totalmente *online* se consiguen todos los datos posibles de los clientes en digital.

Por ejemplo, las agencias de viaje *online*, para atraer a sus clientes, compran anuncios en muchos medios de atracción masiva, como buscadores, medios de comunicación, revistas de viajes y anuncios en redes sociales, con el fin de atraer personas a la página de la marca.

Una vez que las personas entran en el sitio web, los "clientes", en este momento "prospectos" (pues todavía no han comprado), buscan un vuelo, y luego se van a otra página a seguir su búsqueda. Después, van a otros sitios, en los cuales la marca sigue presente a través de *banners* atrayendo al prospecto, incluso pueden automatizar el banner para que ponga publicidad del vuelo que cotizó.

Días después el cliente vuelve a navegar en la web, ve un anuncio de la marca o del vuelo que buscaba y entra al sitio web. Para tener una mejor cotización se registra con su perfil de Facebook. Desde ese momento la marca, en este caso la agencia de viaje, ya importó todos los datos del cliente y puede perfeccionar sus anuncios para entablar conversación con él, seguir presentándole ofertas o publicidad e invitarlo a conversar o interactuar con marca a través de su página.

El cliente sigue recibiendo conversaciones de la marca a través de correos electrónicos, anuncios en Facebook, hasta el momento en que se logra la conversión, justo cuando el cliente compra el vuelo.

Aquí apenas empieza la relación del cliente con la marca, pues durante su vuelo, dentro del perfil de atención al cliente, irá personalizando su viaje, eligiendo asientos, por ejemplo, y la marca proactivamente seguirá conversando con él, en este caso, mostrándole ofertas para reserva de autos u hoteles a través del correo electrónico y redes sociales para hacer otra compra.

En este ejemplo, el camino que siguió el cliente (*customer journey*) fue más o menos el siguiente:

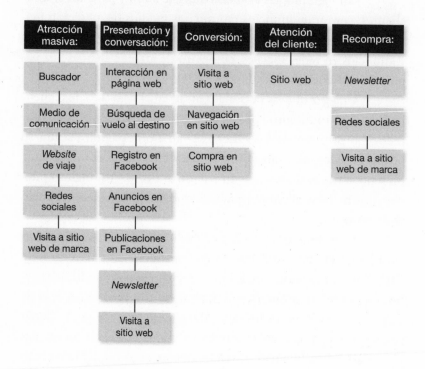

Atracción masiva:	Presentación y conversación:	Conversión:	Atención del cliente:	Recompra:
Buscador	Interacción en página web	Visita a sitio web	Sitio web	*Newsletter*
Medio de comunicación	Búsqueda de vuelo al destino	Navegación en sitio web		Redes sociales
Website de viaje	Registro en Facebook	Compra en sitio web		Visita a sitio web de marca
Redes sociales	Anuncios en Facebook			
Visita a sitio web de marca	Publicaciones en Facebook			
	Newsletter			
	Visita a sitio web			

A nivel general, esta empresa tendría los resultados de cuántas personas vieron qué anuncios y cuáles fueron los que hicieron que las personas entraran al sitio web para conversar e interactuar con la empresa hasta llegar a la compra.

En un nivel más sofisticado, a nivel persona —cuando la persona hace clic a la primera publicidad— la empresa le puso un *tag, cookie* o *pixel*, y a partir de ahí monitorea a la persona por el ecosistema y puede saber cuál es el camino que cada cliente realizó para realizar la compra.

Aquí las métricas serían similares pero el registro sería por persona; es decir, tendríamos el dato inicial del clic en el anuncio número 5. Hasta este momento la persona sería un número, algo así como un número de prospecto, en el momento en que se registra con Facebook, ese número ya tiene nombre, apellido y preferencias, hasta que se convierte en cliente. En este momento ya se tiene el nombre de la persona, sus preferencias exportadas de Facebook, así como el seguimiento de todas las compras que realiza.

Este seguimiento personalizado se congrega en clústers o grupos; de esta forma la empresa agrupará a los clientes por navegación o por producto, y podrá ir mejorando todo su ecosistema para atrapar al mayor número de clientes, es decir, ya ordena toda esta compra por las trayectorias o flujos.

En el caso de las empresas que no venden totalmente a través de internet, el proceso es similar pero menos complejo, por ejemplo, muchas escuelas ponen anuncios en buscadores y redes sociales. Al momento en que el prospecto da clic en un anuncio, entra a la página web y ésta a través de un video le muestra la escuela y los beneficios de estudiar ahí y ofrece un *ebook* informativo sobre las materias, los costos y el perfil del egresado. Para acceder a él la persona llena un formulario con su nombre, correo, teléfono o se registra con su perfil de Facebook.

Posteriormente las personas de admisión de la escuela le llaman al prospecto y le brindan más información, intentando hacer una cita. Durante el proceso el prospecto recibe más información de la carrera por medio de un newsletter, y puede dar clic en un *banner* para hacer una cita uno a uno o visitar una clase muestra.

Después de la clase muestra el prospecto sigue recibiendo información por *mail* y por redes sociales. Mientras tanto el departamento de admisiones sigue en contacto con él, hasta el momento en que el prospecto decide entrar en la escuela y se convierte en alumno.

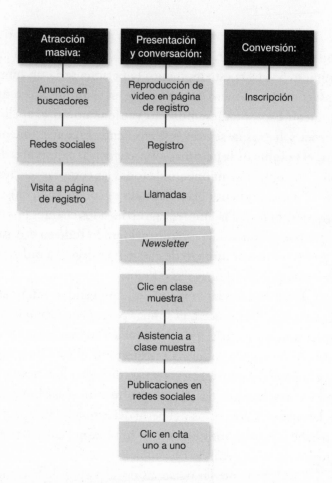

Este ecosistema no sólo se utiliza en las escuelas, es muy común en la venta de inmuebles o de servicios B2B. En resumidas cuentas, los prospectos buscan un servicio, o ven un anuncio, que puede ser *online* u *offline*, entran a una página de registro y el vendedor continúa en contacto con el cliente hasta lograr el cierre.

Las empresas más avanzadas integran toda esta información dentro de la misma plataforma, es decir, desde que el cliente descarga un *ebook*, de forma automatizada le mandan una serie de correos electrónicos. Toda esta información la ve el personal de Ventas y llama al cliente y hace una cita con él, mientras que el cliente sigue recibiendo correos electrónicos y viendo publicaciones de la empresa en redes sociales.

Este tipo de plataformas conocidas como CRM *Lead Managment* le permiten a cualquier empresa integrar la información *offline* y *online* en una misma plataforma, es decir, dentro del mismo software se puede ver la interacción que cada cliente tiene con la marca, como apertura de *newsletter*, reproduccciones de video, descarga de *ebooks*, y con esta información las personas de Ventas pueden utilizar todos estos datos para saber qué tan interesados están los clientes en el producto, así como obtener cada vez más información de ellos para calificarlos mejor. Por ejemplo, en la venta a empresas B2B, a través de estas plataformas, la empresa puede brindarles *ebooks* especializados, a cambio de que sigan contestando preguntas relevantes para la calificación de los clientes como: el tamaño de la empresa, el número de empleados, o cualquier otra pregunta de valor para ellos.

Con esto el departamento de Ventas puede segmentar mejor a los clientes y dimensionar la importancia de cada uno según su tamaño, necesidad, facturación y/o el interés de compra. Esta calificación se puede hacer igual de forma automatizada, pues la plataforma irá asignando puntajes por cada acción realizada, es decir, puede dar un puntaje por cada apertura de *newsletter*, descarga, reproducción de video o por sus respuestas a una pregunta como, por ejemplo, el tamaño de la empresa. De esta forma la herramienta asigna puntos por cada acción y cuando el cliente llega a una puntuación, la plataforma automáticamente manda una instrucción a Ventas para que este departamento siga con el proceso de venta hasta llegar al cierre.

Una vez logrado el cierre se sigue en comunicación con los clientes para ofrecer otros productos, un *upgrade*, brindar atención al cliente, capacitar a las personas sobre tus producto, entre otras, y con el tiempo lograr la recompra, el aumento de ticket, o el *upgrade*.

La web está llena de ejemplos y somos víctimas diariamente de estos procesos; para empezar con este proceso, como mencionamos desde el inicio, lo que tenemos que hacer a grandes rasgos es, primero, identificar la necesidad; segundo, crear nuestros *buyer personas*; tercero, definir la oferta de valor; cuarto, crear el camino del cliente o *customer journey* y, entonces, decidir qué medios se van a utilizar y con qué intención. El paso final, la ejecución, nunca termina, sino que se perfecciona en cada ciclo.

1. Identificar la necesidad.
2. Crear nuestros clientes prototipo o *buyer persona*.
3. Definir la oferta de valor.
4. Definir el camino del cliente o *customer journey*.
5. Ejecutar la campaña de comunicación en los medios elegidos.

Dado que internet es un ente vivo y en movimiento debemos estar preparados para el cambio en todo momento, para ello debemos probar nuestros planes o ideas, medir los resultados y, con base en estos optimizar los resultados.

La mejor forma de explicar todo este proceso es bajo el esquema de The Lean Start Up, de Eric Ries, el cual consta de tres etapas principalmente: creación de una hipótesis, ejecución y medición de resultados. Cada vez que se corre este ciclo la empresa tiene un aprendizaje, si el resultado no es acertado, decidirá si cambia de táctica o estrategia (*pivot*) o si tuvo buenos resultados, acelerará (*accelerate*). En su libro explica con sumo detalle cómo las empresas más efectivas son las que más prueban, miden y aprenden de sus resultados.

Este sistema lo que busca es, como en el método científico, comprobar si la hipótesis es cierta. Hay que preferir realizar mínimas pruebas viables para la comprobación de esta hipótesis; si vemos resultados positivos, es decir que la hipótesis es correcta, podremos repetir o invertir más en esta iniciativa para conseguir los resultados, el secreto está en aprender rápido el camino. En este entorno cambiante el que realiza más pruebas es el que más avanza.

En la práctica este sistema también ha sido conocido a lo largo de los años como prueba-error. Lo que se busca es aprender rápido, y para hacerlo hay que crear hipótesis, ejecutarlas y medir los resultados, si se tiene éxito se sigue por ese camino, de lo contrario se crea otra hipótesis. Éste es un sistema de mejora infinita.

1. CREACIÓN DE HIPÓTESIS:

Se desarrolla un plan por medio del cual las áreas o departamentos de la empresa pueden alcanzar el objetivo que desean.

3. MEDICIÓN Y APRENDIZAJE:

Se verifican los resultados, si se alcanzó el objetivo la acción se repite a gran escala (*accelerate*). Si el resultado no fue favorable se crea otra hipótesis (*pivot*).

LEAN STARTUP

2. EJECUCIÓN:

Se desarrollan los activos digitales y los contenidos y se realizan las acciones necesarias para la distribución.

Esquema creado por los autores buscando la simplicidad del sistema de Lean Startup, de Eric Ries, la metodología Lean de produccción de Toyota y el método científico.

Ampliación del esquema:
Creación de una hipótesis. Desarrollo del plan, boceto, iniciativa de una mínima prueba viable, como por ejemplo: una página, invertir en un medio publicitario, crear una landing page, enviar

cierto contenido, o cierta estrategia de atracción masiva, conversión o cierre.

Ejecución. Poner en marcha la iniciativa en el público meta, por ejemplo, lanzar la página de registro, correr una campaña publicitaria, un plan de medios.

Medición. Monitorear los resultados obtenidos y si se consiguen buenos resultados continuar (*accelerate*); o si por el contrario no se obtuvieron los resultados esperados, analizar qué podemos aprender de esta iniciativa, qué funcionó y qué no y entonces crear una nueva hipótesis (*pivot*).

Entrega de valor

Hasta aquí hemos revisado los primeros pasos del ciclo de creación de valor, lo hemos dividido en identificación de la oferta de valor, creación del valor, comunicación del valor; ahora lo que sigue es dónde se entrega éste.

El mejor ejemplo inicial de dónde se entrega el valor es un mercado. Desde el principio de los tiempos, el mercado público fue el nacimiento de la entrega de valor. En cada tienda o puesto se vendía una cosa o una categoría de productos: frutas, animales, bebidas, comida preparada, etcétera. En los mercados vamos de tienda en tienda, llenando nuestra bolsa.

Poco a poco los mercados evolucionaron en supermercados que cumplen la misma función y en ellos encontramos, en una sola tienda, todo lo que hay en un mercado. Y ahora, en el caso de las plazas comerciales, todas las marcas en un solo lugar, más una oferta de entretenimiento con cines, gimnasios, peluquerías, bares y restaurantes.

Y ahora el mejor ejemplo de megatienda *online* es Amazon, ahí está todo el mercado concentrado, aunque la empresa sólo es un intermediario, como los anaqueles de Walmart. En ella encontramos productos de muchos proveedores y podemos compararlos tal como en el anaquel de una tienda, con la diferencia de que nuestra oferta es mucho más amplia que en una tienda, pues no tenemos problemas de espacio.

Pero además de Walmart también existen las tienditas, las tiendas o boutiques de las marcas y las genéricas. En internet es lo mismo, la comercialización eficiente no sólo estará en una megatienda, sino también en la tienda de la marca y en las genéricas; por ejemplo, un calzado deportivo estará en Amazon, en Zappos, en la tienda de la marca y en muchas otras relacionadas: ropa deportiva, especiales para corredores u otros deportes específicos.

La gran ventaja de lo digital es que se puede pasar de las negociaciones a la venta fácilmente. Se negocia, el producto se vende en la tienda y el proveedor entrega al cliente. El vendedor sólo necesita el precio y algunos activos digitales como texto, foto y video para poner el producto en su tienda *online*. Con base en nuestro estudio sobre los clientes prototipos podemos saber sus hábitos de compra y navegación y decidir si nos conviene poner nuestro producto en esa tienda o mercado *online*, así como negociar con él la forma en que entregamos nuestro producto.

Algunos creen que las tiendas físicas se convertirán en *showrooms* donde la gente podrá apreciar y palpar los productos sin comprarlos ahí. El proceso es que del *showroom* va a la tienda en línea "interna" de la compañía y después el producto se entrega a domicilio.

Lo más importante será centrarse en entregar el valor a la persona, sin importar el canal. Hoy es la tendencia a la omnicanalidad, que ofrece una experiencia única de compra en cada canal.

En el caso *online,* que es lo que compete a este libro, hay que reducir al máximo la brecha entre la compra y la entrega, pues la principal ventaja de las tiendas físicas es que la mayoría de las veces podemos recibir la mercancía en cuanto la pagamos. En algunas categorías de productos en internet pasa lo mismo, éstos se pueden entregar rápidamente, como los contenidos digitales, que resultan ser los productos *online* más vendidos: música, cine, televisión y software.

En segunda instancia están los tickets, meras representaciones de un servicio. Actualmente los boletos de avión son vendidos *online* casi en su totalidad, lo mismo ha pasado con el turismo y así será con los medios de transporte.

En aquello que se puede digitalizar y entregar al instante se aprecia la ventaja del comercio electrónico; la desventaja para otras categorías no digitalizables es el tiempo de entrega, que a través de una buena logística puede cerrar la brecha.

Una tienda *online* debe estar respaldada por un eficiente servicio de entrega para reducir dicha fisura. Por eso, los gigantes del comercio electrónico poseen a los mejores proveedores de logística servicios y desarrollan cadenas de aprovisionamiento eficientes.

Si la experiencia post compra electrónica es deficiente, las personas acudirán a la tienda física. Si la brecha compra-entrega se reduce, no habrá por qué ir a la tienda, pues a través del canal *online* podemos hacer comparativas globales en tiempo real y de forma cada día más segura.

El tercer elemento del comercio electrónico son los métodos de pago. A nivel global el dinero está representado por bits que van de un país a otro. A nivel ciudad el dinero se convierte en elemento físico; a nivel *online* en un número de tarjeta que se vincula con el teléfono. Por eso el teléfono es uno de los pilares del comercio electrónico, tanto por su movilidad como por su capacidad de transmitir datos.

La amenaza del *e-commerce* es hoy real para todos los formatos del *retail*. Una realidad es ver cómo empresas como Barnes & Nobel, Best Buy y Staples (*category killers*) en Estados Unidos han tenido que cerrar o reconfigurar sus modelos de negocio.

Ante esto ¿cuál es el futuro de las tiendas o de los minoristas?, ¿cuál debería ser la estrategia de la empresa para acceder al mercado? La inexorable adopción de la tecnología por parte del consumidor ha probado que los pioneros en *e-commerce* han tomado la delantera, pensemos en Amazon o eBay, ellos son hoy los dueños de su categoría. Entonces, esto significa que ¿hay que ser el primero para ser líder en este sector? Podríamos decir que sí, pues todo está por aprenderse. Sin embargo, hoy el mundo del *e-commerce* y el comercio en general se están fusionando, hoy se tiende a desarrollar una estrategia omnicanal o multicanal.[5] Quien dicta qué hacer es el consumidor. No es que hoy se elija un solo canal de ventas: telemarketing, *online* o tienda. La tecnología así como las expectativas del cliente y la competencia obligan a pensar a la empresa que desea sobrevivir en todas estas alternativas.

Hoy cada empresa tiene que pensar en una estrategia multicanal, que incluya puntos de contacto y venta *on* y *offline*. Se ha exagerado la desaparición de la tienda física: no desaparecerá, se transformará. La razón es sencilla, a los consumidores les gusta ir de compras, pues es parte del entretenimiento y del paseo semanal.

Una estrategia multicanal está definida por el número de puntos de contacto que tiene la empresa con sus clientes, es por ello que hoy se denomina más como *Multichannel Customer Management* (Gestión de Clientes Multicanal). Ésta consiste en el diseño, distribución, coordinación y evaluación de los canales a través de los cuales empresa y clientes interactúan, con el fin de mejorar el valor al cliente logrando una mejor adquisición, retención y desarrollo de los mismos.[6]

Con el objetivo de lograr una gestión adecuada de los canales y del acceso al mercado, este tipo de estrategia presenta grandes retos para la empresa:

---

[5] Los canales a los que nos referimos son aquellos típicos para llegar al consumidor final: tiendas físicas, portal web, catálogos, vendedores, call center, y similares.

[6] Grewal Neslin et al., 2006.

a) Integración de la información.
b) Entendimiento del comportamiento del consumidor.
c) Evaluación del canal.
d) Asignación de los recursos a los diferentes canales.
e) Coordinación de las estrategias entre canales.

Si tratamos de entender un poco más los retos, surgen preguntas que cada empresa conforme a su sector y segmentos de mercado que atiende tendría que responder. Por ejemplo: ¿qué tan integrada tengo la información de cada uno de mis clientes?, ¿se tiene una visión única de cada cliente en los diferentes canales?, ¿cuánto conozco del comportamiento de compra de cada cliente?, ¿qué determina la elección de canal por parte del cliente?, ¿qué impacto tiene esa elección en otros canales?, ¿hay canibalización de ventas?, ¿cuál es la contribución al negocio de un canal adicional?, ¿cuál es la mezcla óptima de canales?, ¿cómo asigno los recursos de marketing?, ¿cada canal debería tener sus propios objetivos o cómo deberían coordinarse los canales para crear sinergias?

Hay múltiples preguntas por resolver, aún de difícil respuesta. Pero lo que sí está claro es que las estrategias de futuro para acceso al mercado estarán definidas por decisiones relativas a Multichannel Customer Management.

Entrega continuada de valor

Las relaciones a largo plazo son la única posibilidad de viabilidad de un negocio en un entorno cambiante y competitivo como el de hoy. Hay que trabajar duro para que nuestros clientes nos conozcan y empiecen a entablar relaciones con nosotros. La atención al público, lejos de depender de la operación, debe estar íntimamente relacionada con la creación continuada de ofertas de valor para el cliente. El mejor vendedor es el mismo cliente a través de sus recomendaciones, ya que en un entorno social adquieren una mayor importancia.

Los vendedores saben que siempre es más difícil negociar con un nuevo cliente, pues los costos de atracción suelen ser los más elevados; en cambio, las personas que están contentas con nuestros servicios vuelven a comprar y nos recomiendan. La atención debe estar tan unida al marketing como las ventas, de hecho tienen que funcionar como una sola fuerza: la de la comercialización.

Sin la web resulta imposible juntar a millones de personas en un mismo lugar, ese valor es el principal activo de la empresa. El valor ha pasado o regresado a las personas. Las relaciones entre estas personas son la verdadera naturaleza del negocio, una persona que ayuda a otra a conseguir sus objetivos. La ayuda es lo que ha movido al mundo.

El activo más importante que tienen las empresas son sus clientes y los empleados. ¿Qué es una empresa sino una organización que ayuda a todos los relacionados a conseguir sus fines propios? Del lado del cliente, permite que satisfaga sus necesidades físicas y emocionales; y del otro lado, ayuda a los empleados a obtener recursos mientras hacen lo que les gusta, para satisfacer sus necesidades personales.

Internet, como una gran base de datos global, permite a las personas acercarse a cualquiera para integrar beneficios. Las personas podemos dedicarnos a lo que nos gusta y obtenemos dinero por ello. Si la gente pudiera ganarse la vida con algo que le gusta hacer, el mundo sería distinto.

Los grandes negocios nacidos con Napster, con el P2P (*person to person*), son el presente de la humanidad y una de las posibilidades de su evolución: si tengo una habitación disponible, puedo rentarla por medio de Airbnb, o compartirla con otro *couchsurfing*; si invento algo, puedo ofrecerlo en línea (Shopify, MercadoLibre); si me sobra espacio en mi auto puedo prestarlo o rentarlo por medio de Blablacar y Uber. La colaboración y la unión entre personas es el principio y futuro de los negocios.

De igual forma, las capacidades de las empresas que están sobradas pueden ser utilizadas o rentadas; de hecho, el concepto de propiedad cada vez es menos importante, lo que buscamos son servicios. Empezó con la computación, *software as service*, y recientemente con la música y las películas, con Spotify y Netflix, donde rentamos los productos como un servicio.

Lo importante somos las personas y lo que queremos es satisfacer nuestras necesidades, diría Maslow, desde las físicas hasta las de realización. Cada vez interesa menos la forma, el precio y el producto, lo importante es el servicio, la experiencia que el cliente tenga al final, la relación con las personas. Hemos pasado de la venta de productos a los *Customer Relationship Management*. Lo más significativo es la relación con el cliente; las marcas se crean y se destruyen, pues en internet están vivas en perfiles y páginas.

La atención en línea está implícita en el ecosistema digital. Las personas pueden hacer clic a nuestros anuncios para recibir atención, lo mismo la buscarán en medios sociales que en nuestra página, la cual debería tener un módulo de atención, dependiendo de la naturaleza del producto.

Estas redes sociales fortalecen a la empresa al estar en contacto tanto con los empleados como con los consumidores. Aquí es donde las barreras pueden borrarse, pues una red social de atención en línea junta a los proveedores o empleados con los clientes. En las mejores situaciones pueden crear productos juntos, lo que nos lleva a la transformación digital de empresas, el siguiente paso en esta historia.

Evolución del marketing y del CMO

En nuestro trabajo ordinario dedicamos muchas horas a dialogar y compartir ideas con los Chief Marketing Officers (CMO) o directores comerciales o de marketing de las empresas. Típicamente las conversaciones rondan sobre transformación digital, disrupción digital y cambio en los modelos de negocio.

Como personas que nos dedicamos a esta disciplina, vemos que efectivamente el marketing está evolucionando. El mundo digital, los medios de comunicación y entretenimiento, así como el marketing, parece que se están fusionando. Pensémoslo así, ¿qué es YouTube?, ¿un canal de televisión?, ¿un medio de publicidad?, ¿una red social? En fin, la realidad es que estas industrias (digital, medios de comunicación y entretenimiento, y marketing) están convergiendo. Y el centro de este encuentro debe ser el consumidor, a quien le debemos brindar una excelente experiencia de consumo.

Los líderes en marketing saben que su función está evolucionando. Y también saben que las capacidades necesarias hoy en día tienen mucho que ver con competencias analíticas para poder abstraer de una marea de datos (del CRM, redes sociales, métricas, etcétera), los *insight* del consumidor que le lleven a diseñar estrategias diferenciadoras. En la búsqueda de nuevas fuentes de innovación y de diferenciación que les brinde una ventaja competitiva e impulsen sus procesos de creación de valor, las empresas se están volcando cada vez más a la producción de experiencias memorables antes, durante y después del proceso de compra y consumo. De ahí la importancia de saber identificar, generar, promover y gestionar exitosamente las experiencias del cliente, tanto en un contexto B2C como B2B.

Para ser exitosos en este proceso, los directores de marketing (CMO) tienen que expandir su experiencia más allá de las tradicionales tácticas y herramientas del marketing, con el propósito de realmente comprender al consumidor y apalancarse fuertemente de la información haciendo uso de lo que hoy conocemos como *big data*.

David Somerville describe perfectamente en la siguiente imagen lo que hoy necesitan las empresas:

El tener datos no es suficiente. Tampoco es suficiente tener información. El proceso de convertirse en experto en conocimiento de los consumidores empieza cuando somos capaces de establecer relaciones entre los diferentes grupos de datos e información. Lo que obtendremos de relacionar la información nos dará un profundo conocimiento del consumidor, no sólo sobre sus datos demográficos sino con relación a sus patrones de consumo. Al conectar los *insights* entre sí conoceremos más sobre sus experiencias de consumo, sobre sus necesidades, qué no está siendo de su agrado, etcétera. Esto nos debería llevar a generar procesos de innovación para generar mejores experiencias de consumo.

Por lo tanto, si sólo coleccionamos datos, lo único que estamos haciendo es gastar dinero en herramientas tecnológicas. Es muy relevante tener una clara estrategia de negocio que responda a la pregunta: ¿A dónde vamos? Y la respuesta hoy en día es —para mantener la empresa competitiva—: a dar mejores experiencias de consumo.

Sin embargo, parece ser que hoy los CMO no están todavía listos para este reto. El estudio realizado por el American Institute of CPAS (AICPA) menciona que sólo 27% de los C-Level Executives (Comité ejecutivo) piensa que su empresa está haciendo uso efectivo de los datos y 32% dice que el proceso de decisiones se ha complicado más. Asimismo, conforme al estudio realizado por IBM, 45% de los CMO utilizan *perceptive analytics* (analíticas perceptivas) y 13% utilizan *cognitive computing* (computación cognitiva).[7] Estas técnicas y herramientas más avanzadas son las que realmente permiten a los CMO obtener de la información *insights* y llevarlos a la acción.

En definitiva, el CMO se tiene que convertir en un experto en *Data Management* centrado en el cliente para poder ofrecer las mejores experiencias de consumo que le permitan a la empresa retener al cliente y mejorar su rentabilidad en el largo plazo.

---

[7] Máquinas cada vez más sabias, con algoritmos de aprendizaje automático para extraer conocimiento del gran volumen de datos disponibles, y capaces de predecir y autoaprender.

Transformación digital
de las empresas

Como lo hemos explicado en el apartado anterior, la transformación digital no es sobre el producto, es sobre la transformación de las organizaciones. Transformación de cómo se dirigen hoy las organizaciones.

El Global C-Suite Study de IBM en 2013 afirmaba que la posición del CIO (Chief Information Officer) es ahora estratégica. Pero la pregunta es: ¿la tecnología es el factor más importante que está afectando las empresas? La respuesta es: no. Los cambios no están generándose en el departamento de tecnologías de información, estos cambios vienen de los clientes, consumidores y empleados.

Las nuevas empresas con base en plataformas tecnológicas están poniendo en el centro de sus estrategias al consumidor. Son empresas orientadas al cliente, que están creando mucho valor para ellos al hacer uso de la tecnología disponible.

Hoy el cambio está siendo muy complejo en todas las industrias y sectores. Los sectores que más han visto transformada su industria por los cambios digitales son los medios, pues antes la dificultad de tener un medio era bastante difícil, pensemos en la inversión que era necesaria para un canal televisivo. Hoy en día estas cadenas compiten con millones de personas y empresas en blogs, canales de YouTube, o incluso plataformas digitales que alojan contenidos como Netflix, donde el contenido no se vende, sino se renta, y no de película en película, sino que la oferta son bibliotecas enteras que están disponibles en todo momento, y que incluso ya generan sus propias producciones.

Otro sector que también ha presentado grandes cambios gracias a la transformación digital es el de las telecomunicaciones. Hoy vemos cómo los proveedores de sistemas de telefonía tuvieron que entrar al mundo de los móviles, luego internet y después aliarse con cadenas de televisión, y convertirse en sistemas que combinan comunicación con cadenas de televisión; y son proveedoras de servicios de internet, que siguen en evolución como los Entertaiment Operation System de Comcast que ofrecen internet, telefonía y sistemas de entretenimiento.

Un estudio de Ruseel Reynols Asociates, llamado *Digital Pulse 2015*, dice que los sectores que tendrán una disrupción masiva digital son, en orden decreciente: los medios, 72%; las telecomunicaciones, 64%; servicios financieros al consumidor, 61%; el *retail* y la tecnología, 57%; las aseguradoras, 53%; los productos de consumo y las empresas no lucrativas, 52%; servicios profesionales, 51%; educación, 50%; salud, 47%; gestión de riqueza y activos, 43%; industria manufacturera, 37%.

La curva de aprendizaje para moverse en el mundo digital se está acortando cada vez más, pues para los usuarios naturales (NUI, *Natural User Interfaces*) *touch, move, sound,* es la norma. La interacción es parte de sus vidas y constantemente están esperando más. El reto es que la curva no es incremental como solemos estar acostumbrados. Con mayor frecuencia, la adopción de nuevas tecnologías es más rápida.

El cambio se está dando en la conectividad, la interacción y la cantidad de información disponible. Estamos viviendo bajo la Ley de Moore que mencionamos al inicio del libro, que expresa que aproximadamente cada dos años se duplica el número de transistores en un microprocesador. Esto implica que la capacidad de procesar información está incrementándose a un paso increíble. En palabras de Chakravorti: "We humans can only make sense of half of the technology that is available to us at any moment in time" (Los humanos sólo podemos comprender la mitad de la tecnología que tenemos disponible en un momento dado).[8]

Las consecuencias de todo esto es que el cambio tecnológico es cada vez más rápido, la transformación en las empresas es indispensable y el impacto en la sociedad, inminente. Tres cosas están sucediendo secuencialmente: 1. mayor conectividad: a cuántos equipos (*devices*) estamos conectados; 2. más interacciones: la combinación de lo social con la movilidad está cambiando e incrementando el número de interacciones, lo que a su vez está modificando los modelos de negocio. 3. mucha información (*big data*): ¿cuántos de los flujos de información están realmente conectados?

La dificultad con todo esto para los directores de empresa está en la toma de decisiones y en las inversiones que se tienen que hacer en la infraestructura tecnológica. La predicción de la tecnología que podría generar el siguiente cambio siempre es un enigma. Pero una cosa sí sabemos: que el acceso a la web a través de dispositivos móviles (*smartphones*, *tablets*, consolas, etcétera) está cambiando las reglas del juego. Con este breve comentario pretendemos incentivar una reflexión profunda sobre el futuro, las oportunidades y también las amenazas que la era digital está trayendo a los negocios.

Desde una perspectiva de marketing, el rol de la función verdaderamente está sufriendo una transformación. Los presupuestos se están reacomodando de tal manera que se espera que para 2019 a nivel global el gasto en medios digitales será de 50%

---

[8] C. Chakravorti, "Demi-monde of progress in it", *Financial Times*, 28 de mayo de 1998.

de total del presupuesto de medios.[9] Sin ir más lejos, en 2017, la publicidad digital —incluyendo web y móvil— representará la categoría de publicidad más grande, sobrepasando la televisión.

Este cambio digital tan rápido está siendo detonado por el número creciente de consumidores conectados, la expansión de la telefonía móvil y la rápida adopción de la banda ancha.

Como es de esperarse, el impacto no se verá sólo en los medios de comunicación, sino en la redefinición de los modelos de negocio en todas las industrias. Es más, las fronteras entre las diferentes industrias se empiezan a borrar. Por ejemplo, ¿a qué industria pertenece Google?, ¿Amazon?

El mundo digital no es una cosa más, es una forma nueva de hacer las cosas. Se trata de integrar lo digital en todas las áreas de la compañía. Desde el primer contacto con el cliente, los canales de distribución, los procesos, las finanzas, hasta la cultura (el *mindset* de la organización). Se está generando toda una transformación que no está sólo en manos del CDO (Chief Digital Officer), sino que debe estar también en las del CEO. Es un tema para llevar a los Consejos de administración, para discutir en los Comités ejecutivos, para aterrizarlo en un ejercicio de planeación estratégica.

El riesgo de no hacerlo con este alcance es quedarse con una mentalidad "chiquita" y tratar de replicar las experiencias del mundo analógico en el mundo digital. Un ejemplo de las consecuencias que tiene esta forma de dirigir es el caso de Eastman Kodak.

Entonces, cuál es la pregunta: ¿innovar o renovar? Para responder hay que analizar si las competencias de nuestras empresas se están convirtiendo en obsoletas. Si es el caso, requiero de un proceso de renovación (*design thinking*). Pero si mis competencias

---

[9] M. Bagchi, S. Murdoch y J. Scanlan, "The state of global media spending", McKinsey&Company, diciembre 2015.

sólo requieren mejora, la empresa requiere un proceso profundo de innovación.

Como lo mencionamos al inicio de esta reflexión, la transformación digital debe partir de descubrir las necesidades de los clientes —qué problema le estoy resolviendo— y utilizar la tecnología disponible para poder ofrecer una excelente experiencia de consumo, adecuada a sus expectativas. El conocimiento del consumidor debe ser la pasión de la compañía y el motor de toda la transformación, y para ello se requiere desarrollar las capacidades analíticas de una inmensidad de información: *big data*.

Para finalizar, sinteticemos en cuatro grandes bloques el enfoque y las prioridades que debe tener el CEO en la transformación digital:

- Experiencia del consumidor
- Modelo de negocio
- Procesos
- Organización

Epílogo

Todos ambicionan lograr éxito rápido en internet.

El *framework* de *Entrepreneur* está de moda, los nuevos líderes son *game changers* de rápido nacimiento, el orden está cambiando, los dueños de la tecnología ahora son los dueños de la información (Google), del transporte terrestre (Uber), de los empleos (LinkedIn), de las relaciones sociales (Facebook), de las comunicaciones (Android e ios), de la televisión (Netflix), de la música (Spotify), etcétera.

Estas personas han dedicado su tiempo y recursos a la construcción de nuevas empresas y a la realización de sus sueños. Los corporativos observan con temor y saben que necesitan copiar estas cualidades, pero no desean o no están convencidos de invertir el tiempo ni el dinero necesario para el *upgrade*.

Los directores quieren contratar a una persona o abrir un presupuesto que lo resuelva todo, y así, como compran un camión o contratan a un equipo de personas, con la simple decisión desean que empiece a funcionar aquello que se llama: *digital, big data, social media, Analytics, e-commerce y mobile*.

Estas palabras, componentes de una estrategia digital, son herramientas para resolver los objetivos de negocio esenciales de la empresa: posicionar, vender, atender al cliente, hace eficiente un recurso o adquirir un talento. Esto se traduce en marketing, ventas, atención al cliente, operación y recursos humanos.

Si la Alta Dirección desea aprovechar la tecnología para dirigir la compañía, debe destinarle un espacio importante en su agenda; primero, porque estará rezagado y tendrá que aprender, para lograrlo necesitará apertura y ayuda interdisciplinaria. En segundo lugar, hay que invertir tiempo y recursos para analizar los objetivos de cada área e integrarlos con las herramientas digitales, pues la dirección y la supervivencia de la empresa son el tema de conversación. La transformación de la empresa a digital es un factor estratégico en un entorno muy competido.

Los líderes del mundo lo saben, lo intuyen, lo ven, lo desean e inician, pero no incluyen ni en su agenda ni en su inversión el tiempo necesario para acoplarse al entorno cambiante. Su falta de foco es lo que ha generado el nacimiento de las *start-ups* que están derribando industrias. Como toda estrategia directiva, lo primero que se necesita es la disposición y la actitud. El primer paso sólo podemos darlo nosotros, tenemos que hacernos cargo hoy de la dirección de nuestra empresa, antes de que alguien más lo haga por nosotros.

En los modelos de negocio tradicionales todos somos expertos, sabemos muy bien cómo competir. En los modelos de negocios nuevos y digitales todos estamos aprendiendo. Y el que aprenda más rápido llevará la ventaja sobre los competidores.

#VivalaReevoluciónDigital

Postdata

Lo único que resta es seguir en contacto. Para hacerlo puedes buscarnos en las páginas de nuestras organizaciones o por nuestros perfiles en redes sociales:

Cuentas personales en Facebook y LinkedIn:
- Martha Rivera Pesquera
- Edgardo Méndez Montero

Cuentas corporativas:
- Sitio corporativo del IPADE Business School
- www.ipade.mx
- Facebook: IPADE Business School
- Twitter : @ipade
- LinkedIn: IPADE Business School
- YouTube: IPADE Business School

Blog sobre Transformación Digital, Marketing Digital y Ventas por internet
- www.DigitAllBusines.com/blog
- Facebook: DigitAllBusiness Oficial
- Twitter: DigitAllBusines
- LinkedIn: DigitAllBusiness
- YouTube: DigitAllBusiness

Así como la página del libro donde encontrarás algunos recursos, descargables, y un test para medir la digitalización de tu empresa: www.reevoluciondigital.com

Re evolución digital de Edgardo Méndez y Martha Rivera
se terminó de imprimir en febrero de 2017
en los talleres de
Litográfica Ingramex, S.A. de C.V.
Centeno 162-1, Col. Granjas Esmeralda, C.P. 09810,
Ciudad de México.